Middle-level Managers leadership skills training

中层管理者领导力修炼

曾向英 著

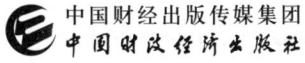

图书在版编目（CIP）数据

中层管理者领导力修炼 / 曾向英著. —北京 ：中国财政经济出版社，2021.12

ISBN 978-7-5223-0710-7

Ⅰ.①中… Ⅱ.①曾… Ⅲ.①企业领导学 Ⅳ.①F272.91

中国版本图书馆CIP数据核字（2021）第161383号

责任编辑：彭　波　　　　　　　责任印制：史大鹏
责任校对：胡永立

中国财政经济出版社 出版

URL: http://www.cfeph.cn
E-mail: cfeph@cfemg.cn

（版权所有　翻印必究）

社址：北京市海淀区阜成路甲28号　邮政编码：100142
营销中心电话：010-88191522
天猫网店：中国财政经济出版社旗舰店
网址：https://zgczjjcbs.tmall.com
北京财经印刷厂印刷　各地新华书店经销
成品尺寸：160mm×230mm　16开　　14印张　150 000字
2021年12月第1版　2021年12月北京第1次印刷
定价：68.00元
ISBN 978-7-5223-0710-7
（图书出现印装问题，本社负责调换，电话：010-88190548）
本社质量投诉电话：010-88190744
打击盗版举报热线：010-88191661　QQ：2242791300

序 FOREWORD

  文如其人，读懂一本书，先要读懂写书的人。

  我和曾向英老师相识在一次专业教练公开课的课堂，当时她作为被教练者提出了一个管理话题。时隔多年，现今回想起来，我依然觉得那是一个艰难的教练对话过程。之所以这么说，是因为她不仅希望在最大程度上解决难题本身，同时还期待尽可能支持年轻下属的成长，她在充满挑战和限制的工作情境里，努力探寻一丝微光，追求一种平衡。对工作孜孜不倦追求，对年轻人的成长充满热心和关爱，这就是我对她的第一印象。因此，这本书的出版顺理成章，它就是作者自身工作的真实呈现，再现了中层管理者在面对职场新生代员工时，遇到的各种管理情境中的困难和挑战。本书来源于真实，凝练于理论，反哺于实践。

  还有一个场景让我印象深刻。那是在一个夏天，我到学校找她，她特别兴奋地把我叫到电脑前，对我说："看，这是我和团队一起做的动画视频，通过一两分钟的管理小视频，既能简单讲清楚教练的理论和工具，又能通过真实案例演绎告诉管理者如何使用。"原来，她一直在研究用什么样的方式能让管理者更高效、更轻松地学会教练式管理技能，在遇到管理困难和挑战时，能通过快速学习，让问题解决变得简单有效。本书将管理中那些经常遇到的艰难时刻，凝练成了具有解决方案的生动案例。从实践及案例中学习，是最好的学习方式之一。

　　如果必须道出曾老师身上的一个特质，那就是：对待学术研究精益求精。我们经常交流对教练和教练实践的认知，每次她都要尽力去寻找每一个知识点的来源，并且拿到工作中去尝试和验证，用最准确的语言来表达。之后，通过课题研究，科学验证来做专业呈现。她持之以恒，高产且高效，让我非常佩服。我相信这本书的读者一定也会有这样的感觉：凝练、专业、简单、实用。因为，每个案例和每段文字，都经过实践及雕琢，同时，她知道如何不浪费笔墨更精准表达，因为管理者的时间尤其宝贵。

　　作为一名培养专业商业教练的导师和辅导企业多年的专业教练，我从2013年开始，见证了太多的企业因引入教练式的管理而发生的巨大改变。就在刚刚结束的半年后教练项目复盘、企业创始人访谈中，这位企业家真诚地对我说："我不知道该如何感谢你们，这六个月，看着这些管理者从当初的彼此不信任、不清晰前进方向，到今天为每一个关键节点、关键任务热烈讨论甚至彻夜"争论不休"，主动承担创新任务，让我特别感动。对每一位管理者心存感恩，对企业的未来也充满信心。"这就是教练式管理的魅力，教练式实践的力量。

本书从管理者角色认知入手，帮助管理者学会在纷繁复杂的日常管理中清晰角色定位，聚焦目标、分解任务、达成成果。在管理技能上，透过案例解析学习掌握教练式辅导与沟通，帮助管理者用科学的方法引发员工独立思考，提升员工工作积极性，主动担责，在实现个人成长的同时为组织创造更大价值。

　　真诚推荐大家认真研读本书，并对照自己企业的管理情境深入学习。我相信这本书，会给你带来不一样的管理体验和成长。祝福每一位幸运的读者，在自我发展的旅途上，在支持个人和组织发展的过程中，享受每个当下的幸福和快乐！

鲁华章

2021年11月1日

前言 PREFACE

随着互联网经济的兴起和新生代员工逐渐成为职场的主力军，原有的员工管理模式已经越来越不适应时代的发展及新生代员工管理的需求。"90后"一代崇尚自由、大胆创新，不拘泥传统，不恪守陈规，他们颠覆了很多职场潜规则，不管是对"996"的反抗、还是拒绝对领导的无条件服从，都使职场向着更清朗的方向发展。

2019年，"00后"开始步入职场，这批成长于信息化时代的互联网原住民，将给现有的职场带来更多的挑战。相较于"90后"，"00后"拥有更宽松的竞争环境与更低的物质欲望，具有更高的自由追求与更好的受教育程度。他们的自我意识强烈，喜欢挑战有难度的工作，同时表现出更高的社交需求。他们有可能给企业带来更多的创造力与价值，但也意味着企业难以对其进行约束和物质捆绑。调研数据显示，"00后"更关注于是否能与同事、领导相处融洽。一个官僚化盛行、机构臃肿的企业，必然会成为"00后"离职的关键因素。面对这样的新生代员工，领导层如果仍然习惯于居高临下发号施令，免不了要碰壁。这也是为什么教练技术20年前就进入中国，但直到近几年才开始盛行的主要原因。职场的环境变了，职场的人变了，很多管理者发现原有的管理方式不再奏效，需要升级。如何在不提升企业成本的前提下激励员工将个人发展与组织发展相结合，为组织做贡献，是当前每一个管理者要研究的首要课题。

本书用系列案例故事分析的方式，呈现了一个中基层管理者在面对职场新生代员工时，遇到的不同管理情境和挑战。案例来源于管理现实，并且做了大量基于教练技术的实用分析。对于新晋管理者来说，这些熟悉的管理情境可以让其感同身受去体验如何应用管理的方法和工具解决实际工作问题；对于资深管理者，也可以通过此书，了解新生代员工的特点和管理的新变化，丰富之前的管理经验，更好地与时俱进、辅导新人。

本书内容实用，通俗易懂，易于管理者理解和做知识迁移。本书共分五部分，第一部分：管理者的角色认知，明确各个层级对管理者的角色期待，明确管理者的工作重点。通过默契合作，使管理工作更顺畅、高效。第二部分：目标管理，让管理者学会在纷繁复杂的日常事物中聚焦目标，分解任务，高效执行，带领团队完成组织目标。第三、第四部分：教练式辅导与沟通。管理者如何利用教练技术，通过教练式辅导与沟通，引导员工独立思考，主动担当，提升工作积极性，为组织创造更大价值。第五部分：团队管理，如何通过设立团队的愿景与目标，培养良好的团队文化，用人所长，激励员工将个人发展和组织发展相结合，实现和组织共赢。

管理无定式，适合的才是最好的，我们并不是要摒弃传统的管理方式来学习教练技术，而是大多数管理者是在传统管理模式下成长起来的，对传统管理模式驾轻就熟，过度依赖，需要去学习一些新的管理技术，刷新认知，来迎接新生代员工带给我们的管理挑战。

因此，在职场中，不仅员工需要加强自我修炼，管理者更需要加强修炼，变成员工认可的好上司。挑剔的"90后""00后"员工希望遇到一个诚信正直，善于沟通，专业自信，处事公平且有同理心的领导。当管理者具备这样的素质和境界时，新生代员工才会发自内心地尊重上司，心悦诚服地接受管理。

愿每一个管理者都能成为员工认可和尊敬的管理者！

曾向英

2021年9月10日

目 录 CONTENTS

第一章 管理者角色认知 ⋯⋯⋯⋯⋯⋯⋯⋯⋯⋯⋯⋯⋯⋯⋯⋯⋯ 1

第一节 骨干员工和管理者的区别 ⋯⋯⋯⋯⋯⋯⋯⋯ 3

第二节 领导、管理和执行三角色 ⋯⋯⋯⋯⋯⋯⋯⋯ 8

第三节 管理者的不同角色定位 ⋯⋯⋯⋯⋯⋯⋯⋯⋯ 10

第四节 管理和领导的区别 ⋯⋯⋯⋯⋯⋯⋯⋯⋯⋯⋯ 13

第二章 目标管理 ⋯⋯⋯⋯⋯⋯⋯⋯⋯⋯⋯⋯⋯⋯⋯⋯⋯⋯⋯ 17

第一节 目标设定的原则和方法 ⋯⋯⋯⋯⋯⋯⋯⋯⋯ 19

第二节 实现目标的计划制定 ⋯⋯⋯⋯⋯⋯⋯⋯⋯⋯ 38

第三节 目标的监督与控制 ⋯⋯⋯⋯⋯⋯⋯⋯⋯⋯⋯ 46

第三章 教练式辅导 ⋯⋯⋯⋯⋯⋯⋯⋯⋯⋯⋯⋯⋯⋯⋯⋯⋯⋯ 59

第一节 教练式辅导 ⋯⋯⋯⋯⋯⋯⋯⋯⋯⋯⋯⋯⋯⋯ 61

第二节　教练式思维 ·· 65

第三节　神奇的大脑——教练思维背后的科学 ············ 75

第四章　教练式沟通 ·· 83

第一节　建立信任 ·· 85

第二节　有效聆听 ·· 90

第三节　深度聆听 ·· 98

第四节　有效提问 ·· 104

第五节　有效反馈 ·· 129

第五章　团队管理 ·· 139

第一节　设立团队的愿景与目标 ···························· 145

第二节　培养良好的团队文化 ······························· 150

第三节　选择大于培养 ··· 160

第四节　用人所长，知人善任 ······························· 170

第五节　员工激励、潜移默化 ······························· 179

参考文献 ··· 207

后记 ·· 209

第一章
管理者角色认知

第一节　骨干员工和管理者的区别

【案例分析】新晋经理的烦恼

李雪工作认真负责，市场开拓能力超强，是公司连年销售冠军，因工作业绩表现出众，培训部吴经理退休之后，公司提拔李雪做了培训部经理，李雪原以为当上经理比做员工轻松多了，没想到，每天文山会海、各种会议，部门绩效指标高，领导还临时任务不断，员工各种问题层出不穷，李雪每天加班加点，埋头苦干，应接不暇，员工还对她有不满情绪，嫌她只顾自己，不辅导员工。

她到底哪做错了，问题出在了什么地方？

一、个人贡献者和团队贡献者

很多从专业岗位提升的新晋管理者，都会碰到案例中李雪的问题，觉得工作只要继续保持较高的个人业绩就行了，殊不知，当他来到管理岗位，他的角色就发生了很大的变化。

电视剧《士兵突击》中的许三多、《亮剑》中的李云龙，他们都是军人，但他们两人却有明显的区别：

一个是个人贡献者，另一个是团队贡献者。

许三多是个优秀的战士，李云龙也是，但与许三多有所不同的是，李云龙不仅自己能冲锋陷阵，而且还会带兵打仗。这就是个人贡献者和团队贡献者的区别。很多从基层新晋的管理者并没有做好角色转换，像前面案例中的李雪一样，她依然认为只要埋头苦干、保持优异的个人绩效就行。殊不知，从走上管理岗位开始，组织对管理者的期望就从个人贡献者，转换为团队贡献者，不仅要求管理者专业精湛，还要求学会"带兵打仗"，协调资源，带领团队完成组织既定目标，具备团队管理及横向沟通能力。

二、从专业到管理

从专业到管理的转变

I型人才	T型人才
I 表示自己一个人	T 表示一个团队
I 表示纵向	T 表示加上横向整合
I 表示精深的专业力	T 表示管理能力的博通
I 表示承担较少压力	T 表示承担更多压力
I 表示抱怨	T 表示开口沟通

从专业到管理的转变，要求管理者从I型人才转换为T型人才，作为骨干员工你可以享受普通员工享有的某些权利和自由；

可以抱怨，甚至偶尔发发牢骚。作为管理者，你不再有消极处事、说风凉话的权利，也不能回避问题，或选择不做决策，你要对部门内的一切问题承担责任。

从专业到管理的转变，要求管理者不仅具有某一业务领域精深的专业能力，还具备横向整合的能力，为协调各方面关系，带好团队，这就对新晋管理者的管理沟通能力提出了较高要求。

新晋管理者角色转换面临以下挑战：

1. 克服角色惯性：从执行者（做个人英雄）到团队贡献者（通过管理他人而获得成功）。

2. 从以"个人为中心，关注专项任务"，到以"团队为中心，关注团队业绩和表现"。

3. 从关注"事（具体工作），做一个技术技能（专才）"到关注"事+人，掌握（人际+管理）双技能"。

管理大师彼得·德鲁克对管理者的描述是："管理者本身的工作绩效依赖于许多人，而他必须对这些人的工作绩效负责。"

换句话说，管理就是通过他人去完成工作。因此，要想成为一个卓越的管理者，就要学会辅导下属，提升下属能力，共同完成组织目标。辅导反馈，是基层管理者的必备技能，因为越基层的员工，自我学习与发展的能力就相对越弱，管理者的辅导和支持对员工成长非常重要。通过日常辅导反馈，员工能够了解自身短板，调整原本不佳的行为，获得快速成长。另外，管理者还得面对来自上级和同级部门的挑战，管理者不仅要完成上级布置的任务，还得与同级保持良好关系，获得大家的支持，沟通协调能力必不可少。

【案例分析】碰到困难就找领导吗？

新晋经理李雪接到一个很重要的培训任务，给某某公司的中层干部做一个为期3天的问题解决工作坊。这个培训对教室布置有特殊的要求，需要桌椅摆放成"鱼骨"形状并粘贴培训道具，李雪找到服务保障部王经理提出需求，但王经理以挪动桌椅会加速办公用品折旧为由拒绝，她好说歹说王经理都不答应，李雪非常气愤，找到两人的上级领导告状，希望领导协调解决。领导协调之后，桌椅倒是按计划摆放了，但王经理又以教室墙面不能随意粘贴为由禁止他们粘贴培训必备的教具和海报。面对王经理的百般阻挠，李雪百思不得其解，她很困惑，之前她未做主管的时候，教室也这样布置过啊……

李雪该怎么办？问题出在什么地方？还是去找领导协调吗？

这样的场景你熟悉吗？很多专业岗位提拔起来的新晋管理者，都或多或少有学生思维，认为协调资源是上级领导的事情，碰到部门任务需要其他部门协助,但对方不支持,就去找上级领导,希望通过行政命令解决,但这样去解决未必会达到预期效果,何况碰到困难老是麻烦上级和向领导告状,不仅会破坏跨部门关系,也会让上级领导对你自身的能力产生质疑。那如何做才好呢?

冰冻三尺,非一日之寒,每一个无端拒绝的背后都有理由,也许是平时没搞好关系,也许是哪句话说得让对方不舒服……总之,为了更好地完成团队目标,日常和其他部门创建良好的关系是非常必要的,首先,要充分尊重对方,不提难办的事情,不拿上级压制对方;其次,要及时为对方提供力所能及的帮助及支持;第三,要寻找共同的利益点,不施加压力。另外,在每次得到对方帮助之后,还要真诚地感谢对方,加强日常人情往来,建立良好关系,这样做对方才会心甘情愿地愿意和我们合作。

【案例点评】

李雪经过认真反思,回想起来之前确实有一次对服务保障部门说话不得当,可能造成对方误解,觉得自己不尊重对方,惹得王经理生气故意刁难。于是她再次找到服务保障部王经理,真诚道歉,并强调培训的成功是两个部门共同努力的结果,缺一不可,大家的目标都是一致的,都是为了让培训达到更好的效果,学员满意。她理解对方爱护墙面的心情,但现在的海报和贴纸都是高科技,保证不会损伤墙面,王经理也愉快地接受了李雪的诚意,不再阻挠培训部按照要求去布置教室。

在培训结束之后，李雪特意当着领导的面夸赞服务保障部的同仁给予培训大力支持，为培训成功奠定了非常好的基础，王经理听了很高兴，这样一来二去，两人的关系越来越好，每次培训，服务保障部都主动提供帮助。

第二节　领导、管理和执行三角色

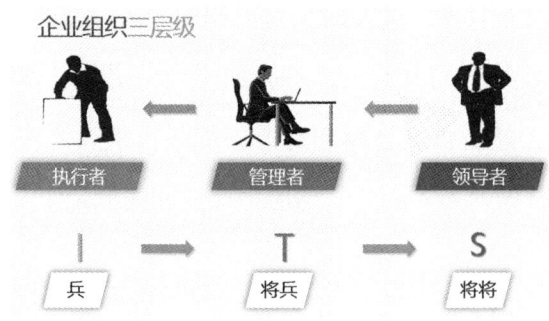

企业组织分为三个层级：领导者、管理者和执行者。

领导者，我们把他喻为**将将**，是指经营决策者；

执行者，我们把他喻为**兵**，指的是员工，负责执行任务；

管理者，我们把他喻为**将兵**，作用是承上启下，先要读懂经营决策层的路线、方针、方向、政策；把宏观方针有效转化为工作计划，把计划拆分为不同的工作任务，交给不同的执行者分头执行。

所有执行者有效完成本职工作，才能保证管理者计划实施；

所有管理者计划有效实施，经营者的宏观方针才能有效落地。

将兵、将将，有什么区别？

看起来都是管人，管理的对象不同。

管兵和管将的区别是什么？

将兵（管理者）：管兵，通过授权员工去管人；

将将（领导者）：管理管理者，领导者需要通过授权，辅导将兵去管人。除了辅导下级外，领导者的以身示范非常重要。很多中层管理者都会效仿自己的直线上级的领导风格和行为模式。所以，领导者要不断修炼，提升自己的领导力和管理境界，做下级的榜样。

管理现实中，管理者要注意以下现象：

1. 将将管理人时，他的天职是要辅导好将兵去管人，而不是跨层级，将将如果直接指挥员工，使得将兵架空，没有机会锻炼能力。将将会疲于奔命，下属和员工的能力也很难得到提升。

2. 既然有分层管理，就意味着每个层级的管理者都需要发挥应有的作用，而不是摆设。将兵者可以加强与将将者的沟通汇报频率，打消将将者对于信息不对称的顾虑。

3. 现实中有个非常普遍的现象：将将、将兵一旦遭遇压力、困难和挑战时，很容易下意识倒退回熟悉的状态，退回舒适区。他们会用超凡的能力去做所有的事情，而不是培养人，这是组织最不愿意看到的现象。

管理中按层级管理的规则被喻为"管理的伦理",虽然管理中跨层级管理是个比较尴尬的现象,但在管理现实中,这种现象非常普遍,一方面有些领导者不知道"管理的伦理";另一方面,有些员工习惯于碰到困难投机去跨层级找高层领导者。这时候我们一方面要教导员工明确管理层级,另一方面也要及时与上级沟通,希望上级能够理解自己的处境,在员工不遵守规则时将权力下挪,巧妙地让中层来处理,这样以后类似的事件就会减少(本书所述的管理情境指员工的非正常跨层级汇报。当然,如果中层管理者出现违纪行为,员工按组织规定跨层级反映情况除外)。

第三节　管理者的不同角色定位

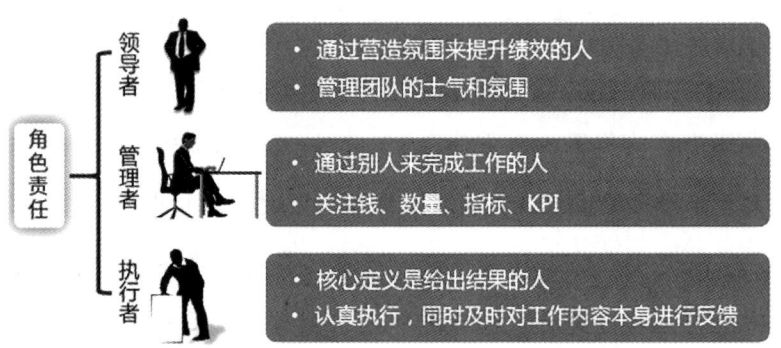

每个管理者在不同的管理情境下都有不同的角色定位,定位决定了管理者在不同的管理情境下的管理行为和处事方式。

一、管理者面对上级的角色

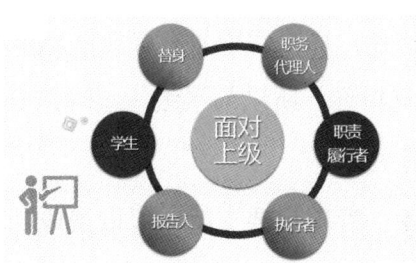

1.职务代理人：这种情况往往是管理者的上级授权,明示下级代理某一项职务;

2.职责履行者：是管理者作为下属理解上级职责后主动代为履行或辅助履行;

3.执行者、报告人、学生：有时,管理者还得做上级的执行者、报告人和学生;

4.替身：有时,管理者还得做上级的替身,即在组织中替上级起到放大形象作用,如在出现小道消息时澄清言路,日常帮助领导传播企业文化、传播思想等。

那职务代理人和职责履行者与替身有区别吗?

职务代理人和职责履行者,"事"的要素多一些;替身则"人"(形象)的要素多一些。

二、管理者面对平级的角色

现代社会许多工作都是需要协同作战的。除了管理者所在部门小团队的支持外，大团队的支持也非常重要。就像我们在第一节介绍的案例所述的那样，大团队及平级的支持必不可少。

1. 平级合作伙伴：每个管理者在带领团队取得成功时，背后都需要很多人来支持你。所以与平级一起时，要做平级的合作伙伴，主动构建双赢关系。

2. 同级支持者：管理者要支持同级取得成功，只有你支持同级成功，他才可能回馈，更好地支持你。

3. 聆听者：为了更好地支持同级，管理者还要做一个好的聆听者，了解同级都有哪些业务，有哪些困难、痛点，你才可能找到机会给予支持。

4. 说服者：另外，当组织资源有限、你与同级之间有利益冲突时，要做一个好的说服者，注意沟通技巧，站在更高的维度，从共同完成组织目标的角度，来说服同级支持你共同实现组织目标，顺利完成任务。

三、管理者面对下级的角色

1. 管理者、领导者：在员工眼里，管理者要关注员工的情绪，引领员工朝向目标努力工作。

2. 绩效伙伴：大多数时候，管理者也是员工的绩效伙伴，要与员工一起，共同完成组织目标。

3. 变革者：当组织出现变革、需要做创新性活动时，管理者要作为组织变革践行者，成为推动变革的主要力量。执行上级布置的宣导任务，引领员工理解变革的意义和内容，并贯彻执行。

4.教练： 作为每一个管理者，有一个角色是不容忽略的，那就是要成为员工的教练，陪伴员工成长，帮助员工更好地去发展。高效的管理者不但本身就是好教练，同时也会主动为自己寻找教练。

第四节　管理和领导的区别

《亮剑》中有一个镜头：在一次突出重围中，张大彪因为负伤而掉队，李云龙知道后，不顾自身的危险，选择重新冲进敌军的包围圈救战友，张大彪看到李云龙带队救他感动而自责，对李云龙说："团长，我拖咱们团后腿了，您不用管我……"李云龙二话不说，背起张大彪说"我们独立团从成立之日起，就没有放弃过一个弟兄"。虽然他这句话，是给张大彪说的，但当其他战士听到他这句话，看到他为一个普通战士冲锋陷阵、舍生忘死的时候，都会被他感动，义无反顾地去追随他。

由此可以感受到李云龙是一个非常值得追随的领导者。

在现实生活中，很多人都会认为，领导＝管理，似乎管理者就是领导者，领导过程就是管理过程，然而实际上这两者之间的差别很大。

领导是做正确的事；管理是正确地做事。

人们经常说管人理事，管理是管理事务，领导是领导人心。例如，《亮剑》中的李云龙，他的行为就是领导人心、赢得人心。那么多战士之所以能够义无反顾地跟着他出生入死，就是因为李云龙用他的领导力赢得了战士的心。那管理和领导有什么区别呢？

管理的核心驱动力在于"怕"！领导的核心驱动力在于"尊敬和信任"。

管理者发挥作用的基础是职位权力（用强制、惩罚、奖赏去管理员工），领导者发挥作用的基础是个人权力，也就是影响力（例如，对下级的关照关爱、个人专长、智慧、人格魅力等独特的影响力）。

另外，领导是一种行为，领导不等于领导者。

到底什么样的人叫领导者，是不是组织的一把手叫领导者？

实际上，领导者和职位层级没有关系，组织中拥有最高决策权、行政权力的人是领导人。定方向、定战略，是领导行为，但有领导行为不一定是领导者。

因此，**管理者不一定是领导者**，不排除管理者有领导行为。只有**具备影响力的管理者才是真正的领导者**。

判断一个人是不是领导者？就是看当他职务被剥夺、权力被废除时，还是否有人跟随？拥有的追随者越多，影响力越大。

例如，很多贪官或者无能的领导者，在位的时候被许多拍马屁的人前呼后拥，他们错把平台当实力，一旦退休就门庭冷落，无人问津了。拍马屁的人看中的是领导者的权利和职位。一旦领导者失去这些，那些人自然就去追逐新的领导了。卓越的领导者，无论他是否在位，是否还拥有权利，都会有很多忠诚的下属被领导者的人格魅力吸引而持续追随。

1999年，马云和外经贸部领导在战略上出现分歧，准备回到杭州创业。在离开北京之前，他对自己的伙伴们说："我要回杭州创办一家自己的公司，从零开始。愿意同去的，每月只有500元工资；愿意留在北京的，我可以介绍你们去收入很高的雅虎或新浪。"整个公司18个人，就是常说的十八罗汉，马云给他们三天的时间思考，可没过5分钟，大家就一致决定回杭州去，跟随马云去创业。

史玉柱当年因投资巨人大厦导致资金链断裂而几乎破产，欠债2.5亿元人民币。发不出工资，核心团队没有一个人离开他，和他共克时艰，在核心团队的帮助下，史玉柱四年之后复出，并奇迹般地偿还了巨人大厦欠下的巨债。我们可以看出，马云和史玉柱都是领导者。他们即使一无所有，仍然有很多人追随。

真正的领导者都是有远大理想或梦想的人，他们通常会有非常清晰的目标，面对未来的不确定性，他们能够审时度势，在不确定性中寻找机会。通过描绘美好的愿景，用自身的人格魅力和超强的能力，感召引领追随者砥砺前行，将梦想变成现实。

本章小结

本章内容可归纳为：

1. 骨干员工和管理者的区别。

2. 领导、管理和执行三角色。

3. 管理者的不同角色定位。

4. 管理和领导的区别。

第二章
目标管理

第一节 目标设定的原则和方法

一、正确目标的价值

有效的管理者并非为工作而工作,而是为成果而工作!

——彼得·德鲁克

【案例分析】弗罗伦丝横渡卡塔林纳海峡

34岁的美国女性弗罗伦丝·查德威克是首个横渡英吉利海峡的女性。在完成这项壮举之后,她决定挑战另一条更宽的卡塔林纳海峡,想成为第一个游过这条海峡的女性。

1952年7月4日清晨,弗罗伦丝准备挑战卡塔林纳海峡,当天,大雾笼盖着加利福尼亚西海岸及附近的太平洋海面,天气条件极为不利。弗罗伦丝独自在海中坚定地游着,冰冷的海水冻得她全身发麻,雾大的让她几乎看不清护游船,但是她只能选择坚持,15小时之后,她还在游着。像以往的渡海游泳一样,困扰她的最大的问题不是孤独,不是疲劳,而是刺骨的海水。

终于,她感到全身麻木,又累又冷,她感觉自己游不动了,就发出信号,请求上船。护送船上的教练和她的母亲都告诉她离海岸已经很近了，要她别放弃。但是她朝加州海岸方向望去，眼前浓雾茫茫，她什么也看不见！她以为教练和母亲在好意规劝她。

最后，在她已游了15小时55分钟以后，她选择了放弃——非常遗憾，离成功横渡只有半英里了！

后来她总结说，令她半途而废的不是孤独、疲劳和寒冷，而是在浓雾中她看不到目标。她说如果当时能看见陆地，她也许能坚持下来。迷茫的目标，动摇了她的信念。

两个月后，她选择了一个天气晴朗，能见度近乎100英里的天气，几乎能看到对岸，她成功成为第一位横渡卡塔林纳海峡的女性，而且比男子纪录快了约两个小时。

1.弗罗伦丝在第一次横渡卡塔林纳海峡时，有哪些问题困扰着她？

2.从这个故事中，你明白了什么道理？

什么是目标呢？目标是前进的方向和期望达到的结果。

目标也是管理的基本出发点。只有确定了正确的目标我们才能明确前进的方向。

正确目标的价值：

1.目标使我们明确方向；

2.目标可以更好发挥潜能；

3.目标是分配资源的依据；

4.目标是考核的结果。

人们做同样的事情，确定不同的目标、工作动力就大不相同，比如下面的案例。

【案例分析】石匠的故事

有个哲人经过一个建筑工地，看到三个石匠在干活，于是哲人问石匠们在干什么？三个石匠给了他三个不同的回答：

第一个石匠说："我不过是养家糊口，混口饭吃啊。"

第二个石匠说："我在为成为我们国家最出色的石匠而努力。"

第三个石匠回答："我正在建造一座伟大的教堂。"

【案例点评】 三个石匠的回答给出了三种不同的目标，第一个石匠说自己做石匠是为了养家糊口，这是短期目标导向的人，只考虑自己的生理需求，就像现实生活中有很多人工作就是为了挣工资，只考虑短期回报，没有远大抱负；第二个石匠说想成为全国最出色的匠人，这是职能思维导向的人，做工作时只考虑把本职本岗位工作做好，只专注于自己在专业领域的发展，很少考虑组织的要求；而第三个石匠的回答说出了目标的真谛，他把个人目标和组织的愿景结合在一起，这是经营思维导向的人，这些人会从组织价值的角度看待自己的职业发展目标，会将自己的工作和组织的目标相关联，这样的员工才会获得更好的发展。

彼得·德鲁克说，第三个石匠才是一个管理者，因为他用自己的工作影响着组织的绩效，它在做石匠工作时看到了自己的工作与建设大楼的关系，这种人的想法难能可贵！

中松义郎的目标一致理论讲的就是这一点，**当一个人的目标与组织的目标越一致，这个人潜能发挥就越大，就越有发展！**

二、什么是目标管理？

1954年，彼得·德鲁克在《管理的实践》一书中提出了一个具有划时代意义的概念——目标管理（Management By Objectives，MBO），它是彼得·德鲁克发明的最重要、最有影响的概念，并已成为当代管理体系的重要组成部分。

其依据的管理理论就是"注重自我控制，促进权力下放，强调成果第一"，其宗旨就是**用"自我控制的管理"代替"压制的管理"。**

经典管理理论对目标管理MBO的定义为：**目标管理是以目标为导向，以人为中心，以成果为标准，而使组织和个人取得最佳业绩的现代管理方法。**

目标管理也称为"成果管理"，俗称责任制，是指在企业个体员工的积极参与下，自上而下地确定工作目标，并在工作中实行"自我控制"，自下而上地保证目标实现的一种管理办法。

背景资料：彼得·德鲁克简介

彼得·德鲁克（Peter F. Drucker, 1909.11.19~2005.11.11），现代管理学之父，其著作影响了数代追求创新以及最佳管理实践的学者和企业家们，各类商业管理课程也都深受其思想的影响。

作为第一个提出"管理学"概念的人，当今世界，很难找到一个比彼得·德鲁克更能引领时代的思考者：20世纪50年代初，他指出计算机终将彻底改变商业；1961年，提醒美国应关注日本工业的崛起；20年后，又是他首先警告这个东亚国家可能陷入经济滞胀；20世纪90年代，率先对"知识经济"进行了阐释。

彼得·德鲁克著书和授课未曾间断，自1971年起，一直任教于克莱蒙特大学的彼德·德鲁克管理研究生院。为纪念其在管理领域的杰出贡献，克莱蒙特大学的管理研究院以他的名字命名。1990年，为提高非营利组织的绩效，由弗朗西斯·赫塞尔本等发起，以彼得·德鲁克的声望，在美国成立了"德鲁克非营利基金会"。该基金会十余年来选拔优秀的非营利组织，举办研讨会，出版教材、著作及刊物多种，对社会造成巨大影响。

彼得·德鲁克至今已出版30多本书，被翻译成30多种文字，传播至130多个国家和地区，甚至在苏联、波兰、南斯拉夫、捷克等国也极为畅销。其中最受推崇的是他的原则概念及发明。包括："将管理学开创成为一门学科,目标管理与自我控制是管理哲学,组织的目的是创造和满足顾客、企业的基本功能是行销与创新,高层管理者在企业策略中的角色、成效比效率更重要,分权化、民营化、知识工作者的兴起,以知识和资讯为基础的社会。"截至2004年,彼得·德鲁克还有新书问世。2002年6月20日,美国总统乔治·W.布什宣布彼得·德鲁克成为当年的"总统自由勋章"的获得者,这是美国公民所能获得的最高荣誉。

无论是英特尔公司创始人安迪·格鲁夫,微软董事长比尔·盖茨,还是通用电气公司前CEO杰克·韦尔奇,他们在管理思想和管理实践方面都受到了彼得·德鲁克的启发和影响。"假如世界上果真有所谓大师中的大师,那个人的名字,必定是彼得·德鲁克"——这是著名财经杂志《经济学人》对彼得·德鲁克的评价。2005年11月11日,彼得·德鲁克在美国加州克莱蒙特家中逝世,享年95岁。

1954年,彼得·德鲁克提出了一个具有划时代意义的概念——目标管理(Management By Objectives,MBO),它是彼得·德鲁克发明的最重要、最有影响的概念,并已成为当代管理学的重要组成部分。

目标管理的最大优点也许是它使得一位经理人能控制自己的成就。自我控制意味着更强的激励:一种要做得最好而不是敷衍了事的愿望。它意味着更高的成就目标和更广阔的眼界。目标管理的主要贡献之一就是它使得我们能用自我控制的管理来代替由别人统治的管理。

【案例分析】保险推销员的故事

有个刚入职的保险推销员特别有雄心壮志,他想一年赚100万元,问经理:"我怎么做计划,一年内就可以赚100万元?"

经理回答:"我们来看看,你要为自己的目标做出多大的努力,根据我们的提成比例,100万元的佣金大概要做300万元的业绩。一年:300万业绩。平均到一个月,就是25万元业绩;到每一天:就要完成8300元业绩;那你算算,你每天大概要拜访多少客户?"

经理接着问他:"根据我的经验,每天大概要拜访50个人。""如果一天要拜访50人,一个月就要拜访1500人;一年呢,就需要拜访18000个客户。"

经理问保险推销员:"你现在有18000个A类客户吗?"他说没有。"如果没有的话,就要靠陌生拜访。你平均一个人要谈上多长时间呢?"他说:"至少20分钟。"经理说:"如果每个人要谈20分钟,一天要谈50个人,也就是说你每天要花16个多小时在与客户交谈上,还不算路途时间。请问你能不能做到?"他说:"不能。经理,我懂了。这个目标不是凭空想象的,是需要凭着一个能达成的计划而定的。"

【案例点评】从案例中我们可以看出目标不是孤立存在的,目标是与计划相辅相成的,目标指导计划、计划的有效性影响着目标的达成。因此,在设定目标时,要考虑计划的可行性和可能性,最好制定"跳一跳能够着"的目标。执行目标时,要考虑清楚自己的行动计划,怎么做才能更有效地完成目标,否则,目标定得越高,执行的效果有可能更差!如果执行失败,还会备受打击。

从以上可以看出,目标管理中的目标不是管理者制定的,也不是员工凭空想象出来的,而是由上下级根据目标制定人的实际情况及能力共同制定的。这是一个自上而下制定目标、自下而上落实执行的过程,只有双方共同参与制定,实现目标的可行性和可能性才更大。

三、目标管理中的三个"共同"

那么如何制定目标呢?制定一个好目标,要遵循三个"共同"的原则。

目标需要上下级共同制定、共同分解、共同控制。只有这样,才能上下级达成目标共识。

四、目标的主要来源

目标不是随意制定的,制定目标时要关注组织需求,一个好

的目标主要来源三个方面：

1. 来自组织的战略目标或部门目标；

2. 来自工作岗位职责；

3. 来自组织内外部客户的需求与期望。

目标的三个主要来源

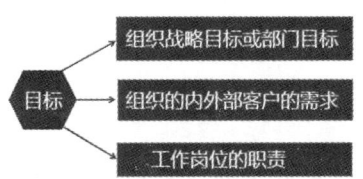

只有关注组织需求的目标，才可能是好目标。中国人有句古话："做事不由东，累死也无功！"说的就是选择比努力更重要，只有选择了正确的目标，才可能让工作事半功倍。

五、目标制定的原则

目标制定应符合SMART原则：

S（Specific）：目标要清晰、明确，让参与考核者准确地理解目标，没有歧义。

M（Measurable）：目标要尽可能量化，量化的目标便于考核时采用相同的标准准确衡量。

我们拿坚持锻炼来举例，很多人都想通过运动保持健康，但除了专业运动员之外，普通人很少有人能把坚持运动这件事落到实处。一般人刚开始会喊口号立个Flag，之后一懒惰，加上工作一忙就坚持不下去、不了了之了。随着科技的发展，现在已经有APP软件帮助你做锻炼计划，并且能够自动统计你的运动量，给你做运动档案。你的好友都可以看到并且见证你的每日运动量，有了大家互相监督，我们会看到坚持锻炼的人就多了。但其前提是，你必须设立一个你每天可以实现的运动计划，如每天走两万步，是可衡量可量化的，这样你才可以自我监督，好友也能监督你是否按照计划的目标执行。

A（Achievable）：目标要通过努力可以实现，即"跳一跳，能够着！"也就是目标制定不能过低或偏高，目标制定太低无意义，浪费组织资源；目标制定偏高实现不了，还会打击员工积极性。

例如，很多人想要减肥，目标就不能是笼统说："我要减肥。"因为这个目标不能量化，也无法考核监督。如果想减肥，合理的目标应该类似这样：我要在一年里减肥10公斤（年度目标）；每个月争取减肥1公斤（月度目标）；每周减肥0.25公斤（周目标），一定是每个时段都可量化可衡量，而且还得是你"跳一跳就能够着"的目标。假如你正常体重应该是60公斤左右，你目前已经超过了70公斤，减肥10公斤的目标就可行；但如果你已经很瘦，才55公斤，最多减2.5公斤，这个减10公斤的目标就太高了，不可行。很多人老承诺要减肥，但家里连个体重秤都没有，那结果就可想而知了。

R（Relevant）：目标要与被考核者的工作有相关性，与被考核者的工作不相关的内容，别设定目标。

如之前评高级职称，不管是不是英语相关专业，也不论工作中是否需要应用英语，只要英文考试不合格，就不能评，阻断了很多高水平专业技能人才的职业发展。现在职称改革，就不对英文考试做统一要求了，只有工作相关的专业才考核英文成绩，这就是符合了目标制定的相关性原则。

T（Time bound）：目标要有时限性，要在规定的时间内完成，这样才能提高工作的效率。

掌握了制定目标的方法，就一定能制定出好目标吗？

六、如何制定好目标

如果要想制定一个既符合 SMART 原则又实用的目标，首先要厘清在制定目标时一些常见的困惑和问题；其次，要了解什么是好目标？好目标具备什么特征？

（一）制定目标时的常见问题

在制定目标的时候，大家需要厘清一些概念。

1. 把目的和目标混淆

目的基于长远，没有时间限制，一般比较概括和抽象。目的是一种行为活动应该达到的结果或者效果；目标是要达到的效果的具体化。目标比较具体、有时间限制的，是某种行为活动的具体的、阶段性的要求。

英文中目的用的是goal一词，目标用的是objective一词，目标是一定时期内所追求的最终的成果。例如，你想在五年内挣到300万元，那么这个5年挣300万元，就是你在5年内的目标，你还可以分解到具体每一年的目标，如每一年实现60万元，那么你挣300万元最后想干什么呢？这就是目的。比如说你想用300万元买房，那么这买房子，就是你的目的。再如足球比赛，两队最终的目的都是要打败对手，赢得比赛，而目标就是每场一个一个进球，球队只有进球累计得分超过对手才能赢得比赛的胜利。也就是说，只有实现一个个目标，才能实现最终的目的。

2. 定量目标和定性目标的问题

制定目标要符合SMART原则，这就意味着要尽量让每一个目标可衡量可量化。但有时候我们会碰到很难量化的现象。例如，提高服务水平，具体怎么提高呢，可以落实到一系列的细节上。我们可以学习一下迪士尼公司，迪士尼在每年旺季寒暑假到来之前会招聘大量的临时工来为游客服务。每个临时员工都要进行为期三天的培训，其中有一项培训内容，就是教会这些员工熟练掌握常见各种相机的使用功能以及基本摄影技巧。当顾客需要照相的时候，迪士尼的任何员工都能非常迅速地提供帮助并且给顾客留下迪士尼乐园的美好回忆。每个员工都发有岗位手册，上面详细介绍各个岗位的行为准则及服务标准的细节。只有将每一个服务行为量化，才可以公平地衡量员工是否按照工作标准执行。在服务量化方面堪称典范的当属沃尔玛，沃尔玛对"微笑"都进行了量化，那就是公众耳熟能详的沃尔玛露出八颗牙。假如微笑都可以量化，那还有什么不可以量化呢？

3. 多重目标的问题

有时候我们会面临多重目标，如人到中年，上有老下有小，还要工作去养家糊口。人的精力有限，你是顾事业？还是顾家庭？你是先照顾孩子？还是先照顾父母？当面临多重目标时，我们要考虑优先级，要先去实现最着急、最紧迫的目标，然后才能依次去兼顾实现其他目标。例如，老人健康的时候，我们就先把时间更多投入工作和孩子，当父母身体出现状况，我们就得把更多的时间花在父母身上。管理者也一样，面对团队不同的成员，你的时间如何分配，如何保证公平，如何在完成自己任务的同时辅导下属，这都是每一个管理者要面对和选择的问题。

4. 目标冲突的问题

作为一个管理者，很容易面临多重目标选择的问题，所以做好时间管理、平衡各个目标的关系、确定好优先级是非常重要的。有时候还会遇到多重目标的冲突。如《亮剑》中有这么一个镜头，李云龙的新婚妻子被日本士兵挟持上城楼，日本士兵要挟李云龙投降这样才能放了他妻子。面对这样的"两难"抉择，李云龙毫不犹豫地放弃了个人利益，下命令让战士集中炮火发射攻城，展开全面总攻。为了革命的胜利，他牺牲了他的妻子，牺牲了个人利益，她的妻子面对敌人的刺刀，毫不畏惧，支持丈夫攻城，英勇牺牲，可歌可泣。

在2020年新冠肺炎疫情发生的时候，无数的医护人员和志愿者冒着生命的危险赶赴疫区救援，他们在个人利益和国家利益之间，选择了国家利益和人民利益，舍小家顾大家，所以才为人民所尊敬和热爱。

（二）好目标的特征

好目标就是符合SMART原则的目标。具体来说，要制订一个好目标，需要做到以下几点。

首先，目标要与高层目标一致。高层就是企业的高层管理者，代表企业，所谓与高层目标一致，其实是指与企业的战略目标高度一致。

其次，必须符合SMART原则。

制订符合SMART原则的目标（举例）			
要干什么	结果是什么	条件是什么	在什么时间完成
降低	客户投诉率	10%	2021年底
提高	客户满意度	10%	三个月内

最后，目标不能制订得太高或太低。

管理者在和下属制订目标时，经常会犯一个错误，就是认为目标定得越高越好，认为目标定得高了，即便员工只完成了80%也能超出自己的预期。实际上，这种想法是有问题的，持有这种想法的管理者过分依赖目标，认为只要目标制定了，员工就会去达成。但如果员工觉得不可能实现，有可能会放弃努力。

实际上，制订目标是一回事，完成目标则是另外一回事，制订目标是明确做什么，完成目标是明确如何做。与其用一个高目标给员工压力，不如制订一个合适的目标，并帮助员工制订行动计划，共同探讨可能遇到的障碍并排除，帮助员工形成动力。

另外，目标不是唯一的激励手段，目标只有与激励机制相匹配，才会形成更有效的动力机制。因此，除了关注目标之外，管理者还要关注配套的激励措施。如何在员工目标执行的过程中，给予物质或者精神上的激励支持，引导员工积极正向完成目标。

七、制订目标的七个步骤

制订目标一般要遵循七个基本步骤。

第一步：正确理解公司的战略目标（整体目标），并向下属进行传达；

第二步：制订符合SMART原则的目标；

第三步：检验目标是否与上司的目标一致；

第四步：列出可能遇到的困难和障碍，找出相应的解决方案；

第五步：列出实现目标所需要的技能和授权；

第六步：列出为达成目标所必需的合作对象和外部资源；

第七步：确定目标的完成时间。

八、目标分解

目标分解，就是将总体目标在纵向、横向或时序上分解到各层次、各部门甚至具体人，形成目标体系的过程。目标分解是明确目标责任的前提，是使总体目标得以实现的基础。

目标分解是一个自上而下层层展开、自下而上层层保证的过程。没有基层的层层保证，即使目标得以分解，也很难落实执行。

回顾前面提到的目标管理的三个共同原则，一个好的目标一定是上级和员工共同制定、共同分解、共同控制的，这样才能保证目标按照计划执行或根据环境情况及时调整。

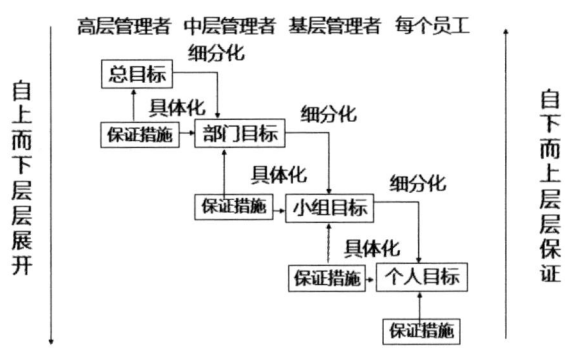

目标是自上而下层层展开，自下而上层层保证的。

同时，目标必须分解到各业务单元和部门、车间、班组、每一个岗位。

那么，目标分解如何助力目标达成呢？

【案例分析】日本马拉松运动员的故事

日本著名的马拉松运动员山田本一，曾在1984年和1987年的国际马拉松比赛中两次夺得世界冠军。记者问他凭什么取得如此惊人的成绩，山田本一总是回答："凭智慧战胜对手！"

大家都知道，马拉松比赛主要是运动员体力和耐力的较量，爆发力、速度和技巧都还在其次。山田本一为什么说凭智慧取胜呢？

后来，山田本一在自传中揭示了这个秘密："每次比赛之前，我都要乘车把比赛的路线仔细地看一遍，并把沿途比较醒目的标志画下来，例如，第一标志是银行；第二标志是一个古怪的大树；第三标志是一座高楼……这样一直画到赛程的结束。比赛开始后，我就以百米的速度奋力地向第一个目标冲去，到达第一个目标后，我又以同样的速度向第二个目标冲去。40多公里的赛程，被我分解成几个小目标，跑起来就轻松多了。开始我把我的目标定在终点线的旗帜上，结果当我跑到十几公里时就疲惫不堪了，因为我已被前面那段遥远的路吓倒了。"

【案例点评】目标是需要分解的，一个人制订目标时，要有最终目标，更要有明确的绩效目标，例如，在某个时间内业绩能达成多少。最终的目标是宏观的、引领方向的目标，而绩效目标就是一个具体的，有明确衡量标准的目标。例如，在六个月内减肥10公斤，这就需要目标分解，绩效目标可以进一步分解，如在第一个月内减肥3公斤、第一周减肥1公斤等，让执行可衡量。所以真正下定决心减肥的人都是要买一个体重秤，可以每天看到自己的变化，准确测算自己是否达到了预期目标。

当目标被清晰地分解后，目标的激励作用就显现了。当实现了一个目标时，就及时地得到了一个正面激励，就会有小小的成就感，这对于增强挑战目标的信心的作用是非常巨大的！

九、如何配合上级制订目标？

作为中层管理者，经常面临领导分配的任务（目标）太高，很难达成的问题，那么如何与领导有效沟通？取得领导支持？如何克服困难最终达成目标？实际上是需要技巧的，我将通过图解和实例为大家讲解如何将一个最初看起来"根本做不到？"的目标最终转化为"可以达成"的目标。

如果上级给下级制定了一个挑战性的目标，我们不是急着说"不，我做不到"去拒绝，而是要考虑：

假如用现在的方法做不到，那换一种方法是否可以实现呢？

假如按照主管要求的期限做不到，是否可以申请延长时间？

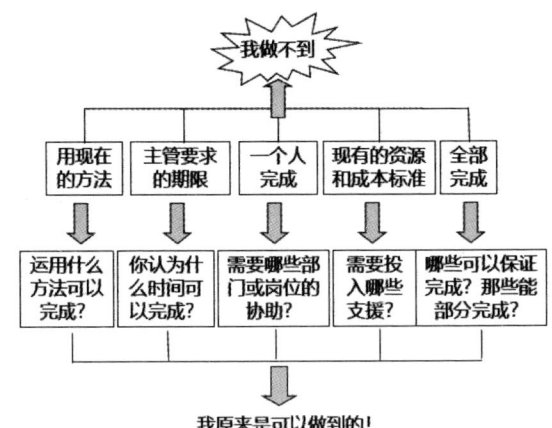

假如一个人完成不了，还需要哪些部门或者岗位的帮助与支持？

假如现有的资源或者成本标准完成不了，还需要投入什么样的资源？

假如不能完成全部任务，是否可以完成其中的部分任务？

通过前面的分析，你就会发现原本不可能完成的任务，只要想办法，其实是可以完成的或者部分完成的。这就是经常说的那句话："方法总比困难多！"

另外，要注意一次最好不要设定多个目标，可以先集中资源和实力，集中完成一个目标，之后再去实现其他目标。

在配合上级制订目标时要考虑以下要点：

要点一：充分了解对方的期望；

要点二：分析实现目标所需的资源和条件，而不是讨论目标太高太低问题；

要点三：寻求解决的途径和方法；

要点四：积极正向以肯定的态度去讨论目标；

要点五：要有同理心。

第二节　实现目标的计划制定

一、什么是计划？

计划是为完成一定的目标而事前对措施和步骤作出的部署，即计划是实现目标的方案途径。

我们要围绕目标，分析一下怎么才能达成？通过什么路径、什么方法、什么资源、什么时间来达成？要达成目标，我该分阶段做些什么？这实际上就是计划！

二、计划制定的"5W2H"原则？

凡事预则立，不预则废，就是说明做一个工作前制订计划的重要性。

"5W2H"法又叫七何分析法，是第二次世界大战中美国陆军兵器修理部首创。该方法简单、方便，易于理解和使用，富有启发意义，广泛用于企业管理和技术活动，对于决策和执行性的活动措施非常有帮助，也有助于弥补考虑问题的疏漏。

发明者用五个以W开头的英语单词和两个以H开头的英语单

词进行设问,发现解决问题的线索,寻找发明"5W2H"分析法思路,进行设计构思,从而搞出新的发明项目,因此称为"5W2H"法,具体如下:

计划制定5W2H

➢ What ——做什么?事项清单?
➢ Why ——为什么做?目的是?
➢ Who ——谁去做?联系谁?
➢ Where ——何地做?
➢ When ——何时做?何时完成?
➢ How ——怎样做?实施战术?
➢ How much ——所需资源?需多大代价?

三、做计划的七个步骤

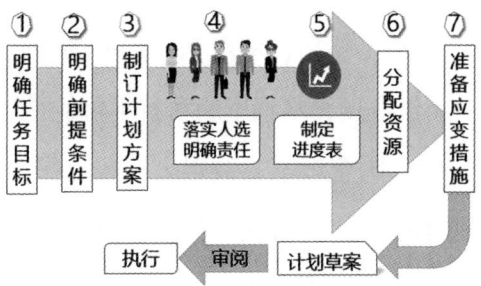

制订计划有七个基本步骤:

第一步:明确工作任务目标;

第二步：明确前提条件；

第三步：制订方案；

第四步：落实人选，明确责任；

第五步：制订时间进度表；

第六步：分配资源；

第七步：准备应变措施；

然后根据计划草案去执行。

四、做计划的四原则

（一）限制因素原则（木桶原则）

限制因素原则又称水桶原理、水桶定律或短板理论，其核心内容为：一只水桶盛水的多少，并不取决于桶壁上最高的那块木块，而恰恰取决于桶壁上最短的那块。

根据这一核心内容，"水桶定律"还有两个推论：其一，只有桶壁上的所有木板都足够高，那水桶才能盛满水；其二，只要这个水桶里有一块不够高度，水桶里的水就不可能是满的。

水桶原理是由美国管理学家彼得·德鲁克提出的，说的是由多块木板构成的水桶，其价值在于其盛水量的多少，但决定水桶盛水量多少的关键因素不是其最长的板块，而是其最短的板块。这就是说，任何一个组织，可能面临的一个共同问题，即构成组织的各个部分往往是优劣不齐的，而劣势部分往往决定整个组织的水平。

若仅仅作为一个形象化的比喻,"水桶定律"可谓是极为巧妙和别致的。但随着被应用得越来越频繁,应用场合及范围也越来越广泛,它已基本由一个单纯的比喻上升到了理论的高度。这由许多块木板组成的"水桶"不仅可象征一个企业、一个部门、一个班组,也可象征某一个员工,而"水桶"的最大容量则象征着整体的实力和竞争力。

任何一个组织或许都有一个共同的特点,即构成组织的各个部分水平往往是参差不齐的,但劣势部分却往往决定着整个组织的水平。问题是"最短的部分"是组织中一个有用的部分,你不能把它当成烂苹果扔掉,否则你会一点水也装不了!

劣势决定优势,劣势决定生死,这是市场竞争的残酷法则。它告诉领导者:在管理过程中,要下功夫狠抓单位的薄弱环节。

领导者要有忧患意识,如果你个人有哪些方面是"最短的一块",你应该考虑尽快把它补起来;如果你所领导的集体中存在着"一块最短的木板",你一定要迅速将它做长补齐,否则它给你的损失可能是毁灭性的——很多时候,往往就是一件事而毁了所有的努力。一个城市或是任何一个区域都有这样"最短的木板",它有可能是某个人,或是某个行业,或是某件事,领导者应该迅速找出它来,并抓紧做长补齐。有些人也许不知道"水桶定律",但都知道"一票否决",这是中国的"水桶",有了它你便知道"水桶定律"是多么重要。

（二）合理期限原则

合理期限原则，即制订计划需要合理期限，计划对太长的期限和太短的期限都是无效的。 因为当前市场环境变化很快，太长的计划期限无法预估环境的变化，所以即使制定了也不现实。太短的计划期限增加了考核的成本，也无法让员工完成挑战性的工作。那么合理的计划期限究竟是怎样确定的呢？合理的计划期限要确定一个未来的时期，这个时期的长短取决于实现决策中所承诺的任务所必需的时间。

（1）完成计划必须明确严格的合理期限要求；

（2）必须合理制订计划的期限，避免制订计划期限的随意性；

（3）单项计划的许诺不能太多，许诺任务越多，计划完成的时间越长，管理人员不是计划未来的决策，而是计划当前决策对未来的影响。当他发现实现许诺所需的时间比他认为的合理计划期限还要长时，他要做的就是有选择地尽量减少过多的许诺任务。

（三）灵活性原则

制订计划必须有一定弹性，留有余地，减少不确定因素的影响，保证计划目标的实现。

所谓灵活性原则，是指管理者在制订计划时要留有余地，不要把计划订得过死，以便应对未来各种不测事件。

互联网时代，环境的不确定性越来越大，计划的灵活性越大，因未来意外事件引起损失的可能性就越小，两者是呈反比例关系。灵活性原理是计划工作中最主要的原理，它主要针对计划的制定过程，使计划本身具有适应性，要求**计划的制定"量力而行，留有余地"。至于计划的执行，则必须严格准确，要"尽力而为，不留余地"**。如果计划的执行有弹性，就会严重影响管理的权威性和后期执行。

灵活性是有一定限度的，它的限制条件是：

（1）计划的灵活性并不意味着一味推迟决策的时间。因为谁都无法完全预测未来的不确定性，如果决策者一味等待搜集更全面的信息，当断不断，就会坐失商机，招致失败。

（2）如果使计划具有灵活性付出的代价补偿不了由此而得到的好处，这就不符合计划的效率性。

（3）某些情况往往根本无法使用灵活性。即存在这种情况，某个派生计划的灵活性，可能导致全盘计划的改动甚至有落空的危险。例如，做线下销售的企业，2020年面对突发疫情导致企业销售计划在执行过程中会遇到困难，可能实现不了既定的目标。如果允许其灵活处置，则可能危及全年的利润计划，从而影响到新产品开发计划、财务收支等各个计划。因此，不如考虑改变销售策略，从线下销售转为线上营销，从而来保障计划的执行。

（四）权变原则

**权变原则强调管理者在执行计划的过程中，根据管理环境和

条件的变化,可以对计划做必要的检查和修正,以增强计划的应变能力。

计划的制定一定要考虑环境变化,面向未来,充分预计发展趋势和速度使计划适应新的发展、新的形势。**权变原则是指在组织管理过程中要根据组织所处的内外条件随机应变,没有什么是一成不变、普遍适用的"最好的",只有从实际出发的"适合的"。**

权变原则的核心计划不是恒久不变的,组织要根据所处的内外部环境变化,以及组织内部各个子系统之间的相互联系,来寻求不同条件下适合组织的管理模式和方法。

例如,格力空调从创业之初就一直对外承诺只聚焦做空调的专业制造商。但2020年新冠肺炎疫情爆发的时候,国内口罩产量不足导致供应缺口非常大,国际也急需大量口罩来支援疫区,国内外口罩急缺。我国各大工厂也纷纷投入了自己的口罩生产线建设。其中声势最为浩大的便是董明珠女士的"格力"口罩了。"好口罩格力造!"格力董事长董明珠女士提出,国家需要什么我们造什么!格力抽出一个项目组全力研发口罩生产,既满足格力集团员工的人身安全需求,也保障了格力的正常生产运转,同时也支援了国内口罩的供应。这个决策,创造了利国、利民、利企、利员工的多赢局面,也成为格力遵循权变原则决策的一个经典案例。

20世纪70年代,在西方形成并盛行的权变管理学派正反映了这一管理实践的哲学思想。权变理论认为,在企业管理中要根据企业所处的内外条件随机应变，没有什么是一成不变、普遍适用的"最好的"管理理论和方法。这一原则能够适应现代社会复杂、多变的特点，对于管理行为具有普遍的指导意义。

其核心要点是：

（1）权变原则要求考虑环境因素对管理工作的影响，要求管理理论与管理实践紧密联系起来。

（2）管理的观念和技术要随环境的变化而变化，适合的就是最好的。这就是说，在特定环境条件下，为了更圆满地达到组织目标，就要采用相应并适合的管理原理、方法和技术。例如，规模较小的初创企业，管理难度小，采用集权的组织结构，往往更适于达到组织目标；随着企业发展规模的扩大，人员增加，管理难度增加，集权就不适合组织管理的效率，采用分权的组织结构可能会更好一些。

（3）权变原则的核心内容是环境变量与管理变量之间的函数关系，亦即权变关系。环境可分为外部环境和内部环境。企业的外部环境因素是存在于企业外部，影响企业经营管理活动及其发展的各种客观因素与力量的总和，包括社会环境、经济环境、法律环境、政策环境等企业不可控制的因素；企业内部环境是指企业内部的物质、文化环境的总和，包括企业资源、企业能力、企业文化等因素，也称企业内部条件。相比外部环境，企业内部环境是企业可以控制的因素。

第三节　目标的监督与控制

一、目标的监督与控制的意义

人们不会做你希望的，人们只做你检查的！

如果你强调什么，你就检查什么，你不检查就等于不重视。

——IBM总裁郭士纳

目标管理是通过目标进行管理，目标实现的过程也是组织资源调动的过程。要使整个组织把各种资源调动起来，围绕目标往前走，这就需要执行目标并对目标进行不断的监督控制。

我们会说："这个问题我之前都已经跟你们说过了，怎么还这样？"显然，从这个话里面就可以清楚地看到问题的症结所在。

如果你的团队做了某些事情不能达到你的要求，那么责任主要在你。因为你没有制定一套流程来检查他们所做的，如果你制定了这么一套检查制度，那么在他们落实目标的第一个月甚至第一周就已经对他们偏离航线的若干做法加以纠正了，就绝对不会等到事情做完了再告诉他们"你做的东西不是我想要的"。

千万别对检查存有偏见。当你拿着放大镜去检查时，不是对员工的不信任，而是真诚地帮助员工共同促进组织智慧的贯彻实施，要想完全实现企业的计划与目标，就必须进行追踪和控制，通过设定目标对整个组织的行为进行控制，让整个组织把各种资源调动起来，围绕目标往前走。如果行动与目标发生了偏离，通过工作追踪及时把这个偏离的情况进行评估，然后把这个信息进行反馈，并采取一定的调整措施，就能保证我们的目标按照原来的设定实现。

工作追踪主要包括以下几点：

（1）衡量工作进度及其结果；

（2）评估执行结果，并与工作目标进行对比；

（3）对下属的工作进行辅导反馈；

（4）查找偏差，如果发现严重的偏差，就要认真分析原因；

（5）采取必要的纠正措施，或者变更计划。

应该如何进行工作追踪呢？

（1）了解下属是不是把他所有的资源和精力都用在达成目标上。如果是，那就不需要对他进行纠正。有可能是他在能力上或工作方法上不行，那我们需要做的就是教练的工作，能力方面对他进行培训，或资源方面给予补充。

（2）要明确授权，以免造成下属在工作时事事请示。工作追踪不是干涉，不是说你来替下属做决定、给下属支招，而是对下属的工作做出一个目标完成情况的评价。

工作追踪具体步骤：

第一步：搜集信息。

搜集信息主要有以下几种途径和方式：

（1）建立定期的报告、报表制度。不能依赖口头汇报，要制订报告、报表制度。

（2）定期的会议。

（3）现场的检查和跟踪。

这些工作就方法而言，并不复杂，但关键是要能细致并且不断坚持。

第二步：给予评价。

在进行工作追踪进行评价时要注意以下四个要点：

（1）定期追踪，要养成定期追踪的习惯，同时让下属也感到主管有定期检查的习惯，这是非常重要的。

（2）分清工作的主次。对重要的事一定要定期检查，而次要的事则不定期抽查。

（3）对工作进行评价。工作评价的重点是看目标是否偏离计划，为什么偏离？而不是追究责任。

（4）避免只做机械式的业绩和目标的比较，应当发掘发生偏差的原因，给下属辅导反馈。在分析偏差时，必须首先分清哪些是下属无法控制的因素引起的，哪些是下属本身的原因，帮助下属查找原因是为了将来碰到类似的事情能做得更好。具体可见第三章教练式辅导。

【案例分析】麦当劳奇迹的背后是三种严格的检查监督制度

麦当劳的成功是个奇迹。每当我们去麦当劳餐厅吃饭时，细心的顾客会发现餐厅卫生间墙面上都会有个打扫卫生的检查清单，每个小时清洁几次，检查几次，都有对应的签名和检查打"√"。现在很多中餐厅也有类似的检查清单，但很难做到像麦当劳一样干净整洁，其根本原因在于没有严格执行检查制度。这也是为什么有些企业的核心竞争力是模仿不来的。

麦当劳公司还建立了严格的检查监督制度，来保证各加盟店都能够达到令消费者满意的服务与标准化。具体来说，麦当劳体系有三种检查制度：一是常规性月度考评；二是公司总部的检查；三是抽查（在选定的分店每年进行一次）。

公司总部统一检查的表格主要有食品制作检查表、柜台工作检查表、全面营运评价表和每月例行考核表等；公司总部的抽查资料有分店的账目、银行账户、月报表、现金库和重要档案等，详略不等。而对每个分店的一年一次的检查一般主要由地区督导主持，主要检查现金、库存和人员等内容。地区督导常以普通顾客的身份考察食品的新鲜度、温度、味道、地板、天花板、墙壁、桌椅等是否整洁卫生，柜台服务员为顾客服务的态度和速度等。

【案例点评】

（1）明确的经营理念与规范化管理使消费者在全球各地的麦当劳餐厅里吃到标准化的产品；

（2）严格的检查监督制度保障了麦当劳的各加盟店都能够达

到令消费者满意的服务与标准化。

注意：执行目标的行动方向与目标方向并非一致，所以需要不断地检查监督调整。

二、控制的本质

控制的本质就是找到实际执行和计划之间的偏差，并予以纠正。

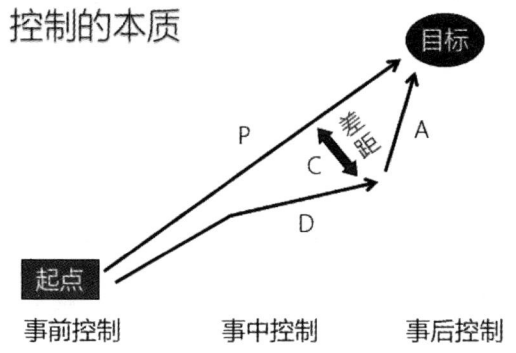

管理学中控制的定义：对员工的活动进行监督，判定组织是否正朝着既定的目标健康地向前发展，并在必要时及时采取矫正措施。

1.事前控制

事前控制是一种预防性控制，作为控制者事先应深入实际，调查研究，预测出发生差错的问题与概率，并设想出预防措施、关键控制点与保护性措施。工作开始前对偏差进行预测和估计，并防范（如规章制度的制定）。

事前控制的优点是：适用范围广，可以防患于未然，是针对条件的控制，容易让人接受并实施。

事前控制的弊病是：需要大量准确信息做判断；环境变化快，有时难以预测；要随时根据内外部环境变化及时了解新情况及新问题。

2. 事中控制

事中控制是指在采取行动执行有关控制目标或标准的过程中，即可及时获得实际状况的信息反馈，以供控制者及时发现问题，解决问题，采取措施，预防纠偏，也称为现场控制。

事中控制的优势是：可以根据事情的进展来控制，对员工有指导职能，可提高员工的能力及自我控制水平。

事中控制的劣势是：控制结果受到管理者时间、精力及能力水平的制约，因此应用范围窄。而且在管理纠错反馈过程中容易和员工形成心理上的对立，需要管理者极高的反馈技巧。

3. 事后控制

事后控制是指在实际行动发生以后，在分析、比较实际业绩与控制目标或标准之间的差异。然后采取相应的措施防错纠偏，并给予造成差错者以适当的处罚。工作结束之后进行的控制（不合格产品进行修理）注意力集中于结果上，以便矫正今后活动。

事后控制的优势是：可以总结方法和规律，为下一步实施积累经验，实现良性循环。劣势是：采取纠错措施前，偏差已经产生，无法弥补。只能对下一次工作有借鉴作用。

三、PDCA 循环

PDCA 是英语单词 Plan（计划）、Do（执行）、Check（检查）和 Action（纠正）的第一个字母缩写而成，PDCA 循环就是按照这样的顺序进行质量管理，并且循环进行下去的科学程序。

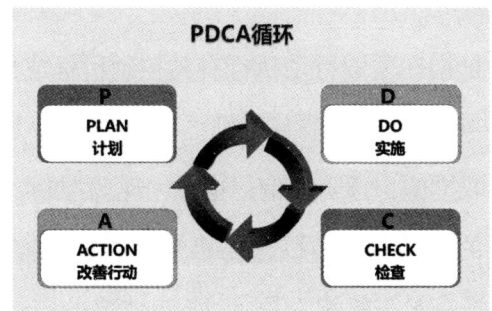

（1）P（plan）：计划，包括方针和目标的确定，以及活动规划的制定。

（2）D（Do）：执行，根据已知的信息，设计具体的方法、方案和计划布局；再根据设计和布局，进行具体运作，实现计划中的内容。

（3）C（check）：检查，总结执行计划的结果，分清哪些对了，哪些错了，明确效果，找出问题。

（4）A（Action）：纠正，对总结检查的结果进行处理，对成功的经验加以肯定，并予以标准化；对于失败的教训也要总结，引起重视。对于没有解决的问题，应提交给下一个 PDCA 循环中去解决。

以上四个过程不是运行一次就结束，而是周而复始地进行，一个循环完了，解决一些问题，未解决的问题进入下一个循环，如此这样阶梯式上升。

PDCA 循环是全面质量管理所应遵循的科学程序。全面质量管理活动的全部过程，就是质量计划的制定和组织实现的过程，这个过程就是按照 PDCA 循环，不停顿地周而复始地运转的。PDCA 循环不仅在质量管理体系中运用，也适用于一切循序渐进的管理工作。

（1）大循环套中循环，中循环套小循环，环环相扣，形成一个有机体。

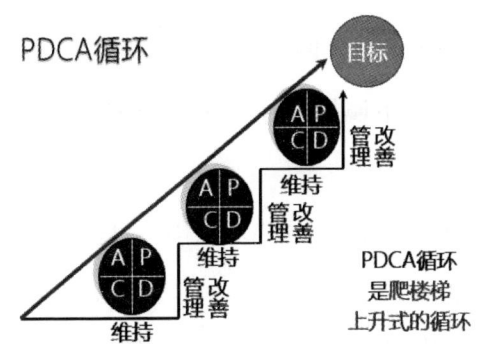

（2）每个循环都含有四个阶段。

（3）循环是螺旋式上升和发展的。

PDCA 循环中哪个环节最重要呢？如果是创新性的工作或者项目，P 计划制定过程非常重要；但如果是重复性工作，C 环节就最重要，只有在检查环节查找出问题，才能正确地去创造新的机会，让工作得以螺旋形上升发展。

四、控制过程中常见问题

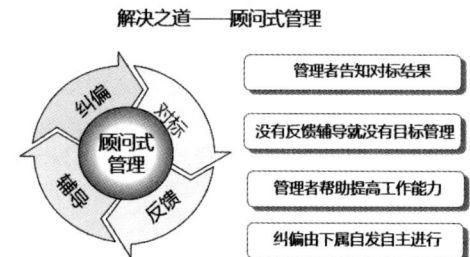

在控制过程中的常见问题主要有以下几种情况：

（1）当主管发现下属的实际工作和计划出现偏差时，经常采用批评、指责的方式；

（2）在员工工作的过程中过多干预，打击员工独立做事的积极性，不敢放手去做，成长很慢；

（3）对下属辅导没有耐心，觉得下属能力差，直接代替下属去完成，这在管理上被戏称为"把猴子背在自己身上"。

当实际工作和计划出现偏差时，最好的解决之道是顾问式管理：

（1）对标，管理者告知下属对标结果；

（2）反馈，反馈是控制过程中非常重要的环节，没有反馈辅导就没有目标管理。反馈，就是对下属辅导反馈，分析下属问题以及改进方向；

（3）管理者用教练式提问激发思考，提高下属工作能力；

（4）这也是最重要的，**纠偏要由下属自发自主进行**。

在计划执行的过程中，我们不断修正，最终达到我们的目标。优秀的企业在员工辅导上投入的资源是最多的，例如，华为公司对新员工，有入职前引导培训、入职时集中培训、入职后在岗实践培训，所有员工都要经过培训，培训合格后才可以上岗。而对于领导干部，不仅自己需要学习，更重要的是要辅导员工，每个管理干部每年必须培养两个接班人，必须自己备课、授课，并纳入绩效考核，这就保证了企业的员工与企业管理者一起成长。

在更多的企业中，领导普遍抱怨员工的素质不高，却从来不给予半点时间进行辅导。其主要原因有以下四点：

（1）客观原因：管理者本身确实很忙，没有时间来辅导下属；

（2）认知原因：认为只要自己能力强，绩效好就是一个优秀的管理者，员工绩效不行是他们自己的问题，认为员工可以自我成长，不能认知到员工的素质其实就是管理者的素质；

（3）心态原因：教会徒弟，饿死师傅；

（4）技能原因：有心无力，有的管理者想辅导下属，自己本身也挺有能力，但缺乏教练技巧，不知道从哪里开始。

针对普遍存在的以上问题，原因1与原因4可以通过外请培训讲师进行方法传授，学会合理安排自己工作，掌握教练式辅导技巧等来解决；但原因2与原因3的问题却只能通过制度来解决，建立导师制，管理者的绩效、升迁与员工辅导直接挂钩，如华为、海底捞等企业，都强制要求上级辅导下级，如果管理者没有带出可以接替自己的员工，就无法得到晋升。

辅导员工能给管理者带来什么好处呢?

（1）辅导下属，获益最大的是管理者本人，在分享的过程中，可以不断提炼总结自己的管理经验，也能让自己不断反思觉察，自己的管理能力真正得到了提升，并且还能获得小小的成就感。

（2）通过情感交流，和下属建立信任，充分调动下级的工作积极性，任何一个员工来到企业，无非就是三种需求：一是挣钱；二是晋升；三是成长（学知识）。如果员工得不到这三者，工作肯定就没有积极性。如果员工能够跟着上级不断学习和成长，员工的工作动力就会比较强。

（3）得到上级的认可。"一将无能，累死三军"，一个管理者不会辅导下属，那挑战性的任务只能自己做，不仅自己很累，更会让下属没有成就感，得不到成长，长此以往，不仅会累死自己，还会让上下级均不满。

管理者辅导下属，主要教哪些内容呢？实际上，员工的发展主要就是知识、技能、态度三个维度。辅导也可以同样针对三个维度展开，但这三者有先后之别，态度最难改变，所以一般情况下，管理者首先辅导的应该是员工的技能，也就是让他满足岗位的基本要求，其次才是相关专业的知识，往宽度与深度两个方向发展，最后才应是转变态度。当然这三个维度也不能严格分开，一般是结合着来做。如部队对刚入伍新兵的训练，都从要求站姿、坐姿、军姿训练开始，等新兵掌握这些技能，适应了军队文化，态度也会随之改变。

本章小结

1. 目标的监督与控制的意义。
2. 控制的本质。
3. PDCA循环。
4. 控制过程中的常见问题。

第三章
教练式辅导

第一节　教练式辅导

一、常见的无效指导误区

【案例分析】员工迟到了（上）

第二天早上9点公司有个大客户的关键岗位培训项目，经理李雪要求大家一定在8点前到岗。

经理李雪：你怎么又迟到了，还不接电话，到底怎么回事？

员工王兵：经理，我的车被剐了，刚才处理事故……

经理李雪：你总有理由，这么重要的客户你都敢迟到，也不接电话，要是都像你这样，培训还怎么做！

员工王兵：我又不是故意的，你干吗发这么大火？

【案例点评】新生代员工崇尚个性和自由，大多数生活条件好，没有太大的生活压力，他们工作的目的已经从单纯的生存需要转为社交和自我实现等较高层次需要，所以他们不会无条件服从领导。在刚才的案例分析中，我们看到，当经理直接批评指责员工时，即使错在员工，但员工依旧很逆反，无理还搅三分。在现实中，很多上级存在像案例分析中经理这样类似的指导现象，费心费力，却没达到指导预期，有时还把自己弄得很尴尬。为提升辅导效率，我们首先要避免掉入无效指导的误区。

常见的无效指导误区：

- 指导就是批评、指责；
- 指导就是问指标要业绩，或分配工作；
- 指导经常变成了领导的"个人演讲"；
- 沟通谈话前没有设置目标，所以谈话也就没有结果；
- 沟通时双方都陷入了负面情绪状态；
- 谈话演变成了"聊天、拉关系、诉苦水"。

二、教练式指导与无效指导

有效的指导应该是什么样的呢？下面来看一下在平行的时间里，如果换一种指导方式，刚才的案例会出现什么样的效果呢？

【案例分析】员工迟到了（下）

第二天早上9点公司有个大客户的关键岗位培训项目，经理李雪要求大家一定在8点前到岗。

经理李雪：今天要求8点到岗，你9点半才来，怎么回事呢？

员工王兵：经理，我的车被剐蹭了。

经理李雪：哦，人没事吧？

员工王兵：还好，就是小剐蹭。

经理李雪：那就好，以后开车小心点啊。你知道，今天所有人都在等你，客户觉得我们很不专业。

员工王兵：不好意思，经理。我不是故意的，今天着急处理故障没顾上看电话。

经理李雪：假如下次再出现这样的情况，你该怎么做呢？

员工王兵：您放心，下次要出现这样的情况，我会及时联系项目负责人找人替我。

【案例点评】大家可以看到，同样是新生代员工，在案例分析中，经理采用另外一种指导方式，就取得了非常好的效果，员工还对自己的改善行为做出了承诺，**这种指导方式就是教练式指导，应用了教练技术。**

- 如何理解教练技术？

教练技术是一项通过改善被教练者心智模式来发挥其潜能和提升效率的管理技术，同时也是沟通对话的艺术。

- 如何理解传统思维和教练思维？

普通人遇到问题一般是怎么思考的呢？即关注过去，关注问题。

那教练是怎么思考呢，从关注过去转向关注未来，从关注问题转向关注成果。

那怎么才能实现这种关注点的转变呢？就需要我们去改变沟通的方式，从传统告知提建议变成面向未来的发问，提出好问题。最好的一种思维方式就是面向未来，用发问的方式，而这恰恰就是教练式沟通的特点。

三、教练式指导的特点

- **什么是教练？**

教练是一种与客户的伙伴关系，在这种关系中，教练通过一种激发思考、创造性的过程，激励客户最大化地挖掘其个人及职业上的潜能。

- **教练和客户的关系**

教练是客户的合作伙伴、支持者和拥护者。支持客户清晰目标、实践行动而获得成果。

- **教练式指导的特点**

从刚才的讲述以及正反两个案例，我们可以看到，教练式指导和传统指导有很多区别：

1.在开始谈话之前，要亲和，创建安全谈话氛围；

2.在描述客观事实时，就事论事，有效传递信息与情感；

3.谈话过程中要引导对方积极参与，达成共识；

4.通过提出好问题来引导，激励谈话对象主动做出工作承诺。

第二节 教练式思维

一、"丢校服"事件复盘

传统的绩效辅导方式,就是告知、批评,指责,忽略被辅导员工的感受,访谈中员工的情绪能量通常是比较低的,容易产生对立情绪,很难达到预期访谈效果。今天给大家介绍的教练式思维与沟通,是基于未来的、成果导向的对话方式,不仅关注访谈内容,更关注员工的情绪,能通过问题引导,提升员工情绪能量,以达到非常好的访谈效果。

【案例分析】丢校服事件

我儿子16岁,正处于青春期,从小丢三落四,我对他丢东西的事没少着急,经常批评他,但毫无改善。他丢了很多件校服,每次他丢的时候,我都会特别生气,狠狠地批评他,他小的时候比较乖,静静地站着,一声不吭地听家长训斥,现在他长大了,他会反驳"多大点事啊,你怎么这么抠门儿,不就一破校服嘛,再买一件就行了!"我再继续讲,他就会"砰"的把门关上,不理人。所以每次丢校服,都会让家里发生一次不愉快。

某年中秋节下午，我很早回到家，等孩子进门时，我看到他没穿校服，于是发生了以下对话：

我：你校服呢？

儿子：哦……和同学踢球放在操场边上了。

我：那你赶紧回去找啊？

儿子：没戏啦，我出来时，学校就关大门放假了，不让进了。（边说，边准备溜进他自己房屋）

我：（要是以往，我肯定会大骂儿子一顿，但那会我刚学完教练技术，觉察到自己的愤怒，于是压制了心中的怒火，平静地问儿子）假如下次你和同学踢球，你怎样保证自己不丢校服呢？

儿子：（儿子对我的平静很意外，也卸下了心中防御，认真想了想回答）把校服放书包里就不会丢了。

我：好办法呀，你记着按照你说的去做啊！

节后开学第一天早上，我提醒他："你前两天说怎么不丢校服啊？"

儿子脱口而出："放书包里。"

之后，接连两周，我分别找机会提醒了他两次："哎，你说的那个不丢校服的好方法是什么来着？"

直到儿子不耐烦地说："放书包里，你烦不烦啊？"

从那以后，我不再提醒，但发现他不仅不丢校服了，而且其他东西也很少丢了。

【案例点评】我们来复盘一下"丢校服"事件：如果用以往传统的做法，我肯定会很气愤地问他："你怎么又把校服丢了？"猜想他听到时的感受，是被谴责，在挑他毛病，在找他问题，他很快就会进入防御状态；那如果我换用教练式思维平静地问："为了避免以后再丢校服，下次踢球时你觉得应该怎么做才好呢？"如果这样表达，孩子就不会认为我是在谴责他、责怪他，而是会去思考今后应怎样改善？教练式思维可以启发思考、激发创造，我们还可以和孩子共同去探讨如何解决问题。孩子自己想出的解决方案就相当于自己做出的承诺，他也会更乐于执行。

丢校服事件

二、教练式思维

通过以上两种思维方式的对比，来分析一下两种思维方式的不同。

传统思维方式我们可能更多地陷入过去，在已发生的事实里寻找答案，那么被辅导方听到批评和指责，情绪一般是负能量的。

例如，如果我们对员工说："你的业绩怎么这么差呀？"他的心理感受会怎样呢？正常情况下，多数员工听到主管责怪会迅速地进入防御机制，情绪低落，有的还会找出一大堆理由来推卸责任或对抗。

但是如果绩效辅导时，我们对员工说："如果明年，你想做得更好的话，你觉得你还可以在哪些方面去改善呢？"员工是不是就不会纠结于自己过去糟糕的业绩，从困境中跳出来，面向未来去思考应该如何去改善？如果改善措施是员工自己想出来，就相当于他自己做出的承诺，他也更有意愿去执行。

教练式思维是成果导向、面向未来的。

下面我们通过这张图来详细地解读一下教练式思维的理念。我们可以看到，图的横轴代表时间，从过去到未来；纵轴代表谈话方式，从告知到发问的程度。传统的思维方式，实际上是从分析过去的原因里找答案，员工感受到的，就是被告知，被指责，哪儿又做错了，哪儿又做得不好？员工听到反馈，情绪能量低，感受也不好。**教练式思维与沟通面向未来，基于成果导向来与员工一起探讨解决方案，引导员工看到愿景，去努力改善调整。**

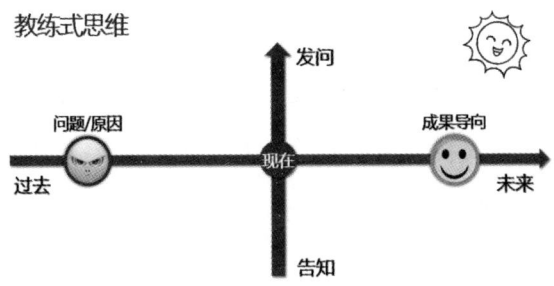

回归初心，我们和员工访谈的最终目的是什么呢？

拿我儿子丢校服的案例来说，我和孩子交流的目的，是将来不再丢校服，而不是为了批评他、指责他。批评、指责是一种手段，不是我最终的目的，我最终目的是让孩子掌握不丢东西的方法。

因此，当我们用批评、谴责解决不了问题时，我们就要去改变，用教练式思维提出好问题引导被辅导者面向未来。

实际上，只有我们用好问题引导下属去思考时，才有利于问题的最终解决，这就是教练式思维的核心。

可能有学员会有疑问："难道我们就不用追究过去了吗？"教练式思维也是需要了解过去的，但是思考的维度不同，用教练式思维探讨过去的原因时，我们更多的是希望从过去汲取资源支持未来发展，看从过去能够学习什么经验，吸取什么教训，改善现状，让未来发展得更好。分析过去是为了寻找能应用于未来更好的解决方案，这也是教练式思维的核心。

教练式思维是成果导向的思维方式，采用这种方式做绩效辅导，用提出好问题代替告知（批评、命令、谴责），激发人们更好地去思考、去创造。辅导者不会陷入过去的事件中，分析原因，相互指责，而是可以从过去汲取资源，基于未来去寻求更好的解决方案，以达到我们做绩效辅导的预期。

为什么教练式思维会有这么神奇的作用呢？我们来看看神奇的大脑。

三、神奇的大脑

神奇的大脑

视觉脑（250万年）
- 复杂的空间：数十万亿神经元连接
- 看见、愿景、未来成功的画面
- 轻松状态下才工作
- 创造力、解决方案、喜欢开放式提问

情绪脑（5000万年）
- 尊重、信任、爱
- 投入式记忆，像往事重演
- 维持原样，抵制改变，非黑即白
- 情绪按钮，对声音敏感，受音调影响

本能脑（1亿年的进化历史）
- 负责生存和安全，直觉
- 本能反应（最后时限）
- 混淆假想的威胁，反应过度
- 自动反应：战斗、逃跑、僵住了

人的大脑分为三个部分：本能脑、情绪脑、视觉脑。

人的本能脑：负责生存和安全，当人面临恐惧、威胁或假想的威胁时，本能脑就会被激活，进入防御机制，产生自动反应：战斗、逃跑、僵住了。具体到被辅导的谈话对象，当他感觉受到威胁或者假想的威胁时，就会产生与辅导者的对抗、逃避、不理会，或者僵住这些表现。例如，如果在公园游玩时草地突然出现一条蛇……人们会有什么样的反映呢？有人会尖叫，有人会逃跑，有人会吓呆了，有人会去对抗。

人的情绪脑：会把爱、愤怒、害怕等情绪带入行动中。**情绪脑有三个非常重要的特征：**

特征之一：投入式记忆，就像重新经历过去的事情，并伴随着那一刻的强烈情绪。作为一名转化式沟通者，这一点非常关键，当你引导员工陷入过去时，他会重新体会当时糟糕的感觉，就像往事重演一样，但当你用教练思维引导他看未来时，他会去体验行动改善之后的美好，在与员工探讨未来解决方案，其实就是创设愿景的过程，员工好的体验越来越强烈，也就越有动力去执行。

特征之二：喜欢让事物维持原样，也就是说，当你感到对变化抵制时，就是情绪脑在控制你的思想，因此，当我们看到孩子调皮捣蛋或者员工犯错时，会生气，控制不住发火，这并不是说你有什么问题，而是你又陷入了固有的情绪模式里去了。

特征之三：考虑问题的方式是非黑即白，没有灰色地带，即"是"或"否"，"对"或"错"，"这个"或"那个"。当人们在恐惧担忧中思考问题时，很容易进入非黑即白的反应方式。

心理学研究告诉我们，当一个人发生重大变化前，情绪脑必须确认是安全的，所以当我们去做教练或者和下属谈话时，很重要的一点就是把情绪脑和本能脑在进化中形成的"强大协作关系"铭记在心，首先要做的是和下属建立亲和关系，让被辅导对象感觉很安全，这样他才能放下防备听得进去意见和建议。

另外，情绪脑对语音语调非常敏感，人通过语音语调传递情感，上扬的语调会激发视觉脑，下沉的语调会激发本能脑。因此，当我们和下属反馈问题时，尽量用上扬的语调提出好问题，而不是用下沉的语调批评指责他，这也是利用了情绪脑的这个特点。

视觉脑：负责想象和创造，能看见愿景和未来成功的画面，看到更多的可能性，当我们提出开放式问题时，视觉脑就会被打开，人的创造力和想象力就会被激发出来，建立新的神经元链路。

例如，想象一下，你看到一头粉红色的小象，瞪着圆圆的眼睛，长长的鼻子上扎着蓝色的蝴蝶结，在草原上奔跑……

看到了吗？如果你看到了粉红色的小象，就是你的视觉脑在发挥作用。

下面我们通过一个案例来体会人的传统思维和教练式思维的区别。

四、重庆公交坠江事件复盘

【案例分析】重庆公交坠江事件

2018年10月底，重庆市万州区长江二桥发生了重大交通事故，一辆公交车在行驶中突然越过中心实线，撞上了一辆正常行驶的红色小轿车，之后坠江，导致多人死亡，这就是当时引发全民关注、网友热议的重庆公交坠江事件。在整个事件发生的过程中，谣言似乎永远比真相跑得快。一部分自媒体和网友的观点、立场不断改变，让公交坠江事件经历了多次剧情反转。

开始，一部分自媒体和看客，抱着投机的目的和怀着看热闹的心态，不顾事实真相，也没有深入调查，先是炮制了"避让论"，谣传此次交通事故是因为一名开私家车的女司机穿高跟鞋逆向行驶，一夜之间女司机成了众矢之的，这些人恶意放大女司机的性别标签，引发网络舆论对女司机的讨伐和攻击。接着，在警方公布是公交车越过中心线，撞上正常行驶的小轿车后而导致公交坠江，"K歌疲劳论"又来了，有网友爆料称公交车司机凌晨K歌，疲劳驾驶而引发事故，公交车司机又被人肉搜索和谩骂。最后，一段惊心动魄的视频还原了事故的诱因，一名乘客因坐过站与司机发生争执，导致车辆失控而坠入江中，于是网友又开始悲愤地谩骂自私的闹事乘客，还有很多人开始转而谴责同车乘客们的袖手旁观和冷漠。

【案例点评】

重庆公交坠江事件是惨痛的，痛定思痛，别停留于愤怒，让我们冷静地复盘这个事件。无论我们如何纠结于已发生的事实，无论谴责逆行女司机，谴责公交车司机，谴责悲剧起源闹事者刘某，还是谴责同车乘客，都有利于问题的解决吗？是不是都于事无补。如果我们用教练思维去反思，那我们应该更多地去思考，从这个事件中，我们能够得到什么教训？我们能够学习到什么？来避免或杜绝此类事件的发生，这也是教练式思维的价值所在。

现在来复盘整个事件，可以看到：

在传统思维下，人肉搜索、谩骂、攻击，找错误、找责任人，都是陷入过去，不易于事情的解决。

但是当用教练式思维去思考时，那就要想想怎么样能避免重蹈覆辙，下一步应该做什么改善，或者从现在开始采取什么措施？

例如，从政府层面应该怎样制定完善法律法规，完善制度规定来保护司机安全驾驶？采用什么措施来惩罚和杜绝在公交车上无理取闹的乘客？

从公交公司的层面，怎么样能够保证司机安全驾驶？如在公交司机座椅周边安装封闭门。

从公交司机本身来说，也要思考怎样应对无理取闹的乘客，学习如何控制情绪，管理压力，保证安全驾驶。

作为同车乘客与旁观者，也要反思当暴力事件发生后，每个人都不是局外人，帮助别人才能更好地帮助自己。

作为网友更要警醒，网络不是法外之地，我们任何一个言论，都应该有理有据，慎重发言和评论，不仅是对别人负责，更是对自己负责。

如果有关各方都能这样去反思，是不是更有利于今后类似问题的解决呢？

应用教练式思维来做复盘研讨，我们不再纠结于过去的谁是谁非，而是基于成果导向的未来视角，从过去事件中获得学习，

去探讨，"假如下次还要做同样的事情，我们怎样能做得更好？"这样大家的关注点就从过去导向转为未来导向，整个心态和能量会发生变化，好的开放性问题会打开人们的视觉脑，激发人的潜意识，创造性就会自然流动出来。

第三节　神奇的大脑——教练思维背后的科学

第二节分析了传统思维方式和教练式思维方式的区别，本节学习教练式思维背后的科学，神奇的大脑！为什么教练思维有这么神奇的作用呢？是因为教练式思维基于人的大脑科学原理。

一、镜像神经元

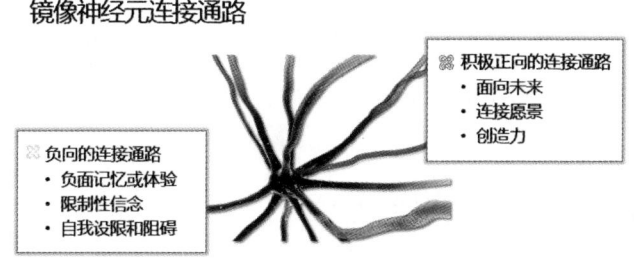

镜像神经元是人身体一种神经元，当一个人做某项动作时，他们会观察别人做同样的动作，这些神经元对别人的行为作出反

应，就像你自己在做一样。这种反应不限于视觉。当一个人知道或听到别人做类似的动作时，**镜像神经元也会发出提示：去幻想同样的行为**。例如，出生没有几分钟的婴儿，看到大人吃东西就会流口水。这就是镜像神经元在发生作用，但这种行为并不总是很清楚，也就是说，镜像神经元会对这些行为动作进行相应编码，或者，它们以抽象的方式作出反应。

在通过镜像神经元理解他人感情的过程中，镜像机制使观察者产生了同样的情绪状态。当人经历某种情绪，或者看到别人表现出这种情绪时，他们脑岛中的镜像神经元都会活跃起来。这也能够解释为什么人们看到其他人打哈欠时，自己也会被感染，而当别人大哭时，自己也会难受。

对于管理者来说，你希望员工怎样，你就应该怎样，当你情绪暴怒时，员工也容易被点燃，因此，在谈话中共创愿景，用积极正向的情绪去牵引，谈话的结果才会好于预期。

因此，我们要尽量避免通过负面记忆和体验建立负向连接通路，而要多通过面向未来的积极正向体验去创造正向连接通路，激发创造力。

二、有效指导的形式

【案例分析】引导员工自己做出工作承诺（传统指导）

因培训师资及供应商成本逐渐升高，飞翔公司原有的报价难

第三章 教练式辅导

以为继，飞翔公司拟通过提升培训和对外提价来提供稳定的利润，为避免涨价引发客户抱怨和客户流失，经理李雪准备让各个培训项目负责人联系老客户解释涨价原因，以争取客户的理解和支持。

陈菲是培训部李雪的下属，"90后"，工作三年，负责客户开发与维护，陈菲虽然干事麻利，行动力很强，但是很有个性，之前常常会与客户发生一些争执，导致客户抱怨。李雪清楚地知道，这是由于陈菲缺乏沟通技巧，因而决定给他一些相应的辅导，下面这个案例是李雪经理采用了传统告知的方式指导员工。

李雪："陈菲，你最近和ABC公司的项目进展如何？"

陈菲："还比较顺利吧，和他们打交道两年了，熟悉HR张经理的个性脾气，我们相处得还不错。"

李雪："这次公司培训价格上涨，估计客户知道后肯定不高兴，所以你在给客户传达这个信息时一定要小心，要解释清楚公司价格上涨的原因，以及涨价之后对他们的好处。

我了解到ABC公司的张经理对价格非常敏感，所以你要格外注意，要告诉他涨价之后老师上课积极性会更高，能够更尽心授课，这样从长远来看，对培训效果的提升是有好处的。"

李雪经理采用告知的方式告诉陈菲，陈菲听了很不耐烦。

陈菲心里想，我又不是三岁的小孩，还用你教，不知道啰里啰唆还要听多久……

李雪："具体来说，你可以给张经理说……"

陈菲："嗯嗯，知道了。"

陈菲虽然表面上服从，但心里想，我和张经理打交道那么久了，该怎么说还用你教啊，物价这么高，涨价很正常啊，直接告诉他不就行了，用得着那么费事吗。哼！反正我怎么说李雪也不知道，不理她，到时候按照我的想法说就行了。

【案例点评】新生代员工都比较有个性，有自己的想法，管理者采用告知的方式，员工的积极性、创新性受到压抑，所以员工并不买账，也没有听进去。

第二天陈菲去拜访张经理，她并没有按照李雪的指导，而是按照自己的想法去沟通，结果张经理听到涨价的消息特别生气，直接电话质问李雪："你们公司怎么回事啊，对老客户还涨价，我们不和你们合作了。"

大多数管理者都习惯采用告知的方式指导员工，这种方式对没有任何经验的新员工比较合适，但对有一定经验的员工，有可能会影响员工的创造性，导致辅导没有效果。如果像案例中陈菲那样，员工按照自己的想法一意孤行，还会给公司带来不可避免的损失。

【案例分析】引导员工自己做出工作承诺（教练式指导）

在平行的时间里，假如用教练式思维和教练式沟通重新来过，我们再来看一下，会发生什么？

李雪："陈菲，你最近和ABC公司的项目进展如何？"

陈菲："还比较顺利吧，和他们打交道两年了，熟悉HR张经理的个性脾气,我们相处得还不错。"

李雪:"那就好,听说ABC公司的张经理对价格特别敏感,根据你的经验,你准备给张经理怎么说呢?"

引导式的提问表达了对对方经验的尊重,让对方自己提出解决方案,也能引发对方的思考!

陈菲:"我觉得要给他做利弊分析,告诉他现在物价上涨导致培训成本提高很多,培训师课酬、交通费、老师的住宿餐饮,都在涨价。"

李雪:"非常好的建议,还有呢?"

陈菲:"嗯,培训成本上涨之后,能保证我们公司更好发展。如果不涨价,我们公司就会出现经营困境的。"

当对方提出的方案存在缺陷时,通过提问引导分析利弊。

李雪:"听你这么说,似乎都是价格上涨对咱们公司的好处,如果你是张经理,听完后会有什么感受呢?"

陈菲:"嗯嗯,我觉得他肯定会说,都是对你们公司的好处,钱都让你们挣了。"

对方提出的方案存在缺陷时,通过提问引导可以让方案更完善。

李雪:"是的,那你觉得怎样说,他会比较容易接受呢?"

陈菲:"哦……我觉得也应该强调对他们的好处。"

李雪:"具体说说看?"

陈菲:"嗯,我想想……我觉得可以说培训成本上涨之后,可以找到更好的老师,老师上课的积极性会提高。"

李雪:"还有呢?"

陈菲:"嗯,老师能更尽心备课,保证培训质量,这样对ABC公司培训效果的提升也有好处……"

李雪:"哦,很棒的解释!那接下来你打算怎么做呢?"

陈菲:"我打算明天就去拜访客户,按照刚才的分析去试一试。"

李雪:"好啊,那就期待你的好消息啦!"

陈菲心里想,今天真开心,总结出了明天拜访客户的话术,耶哦!谈判必胜!

【案例点评】通过提问引导,陈菲自己总结出与张经理谈话要点,因为方案是她自己想出来的,就相当于自己做出的承诺,方案执行的可能性就会更高,更重要的是,通过提问引导,管理者能激发员工思考,员工工作的积极性和主动性也会大大提高。

三、传统指导与教练式辅导的区别

传统辅导Vs教练式辅导

沟通方式的转变

传统告知式	关键转变	教练探讨式
谴责、责备	领导态度	共同解决问题
过去导向	聚焦点	未来导向
领导给答案	解决方式	员工找答案
强执行,不到位	执行力度	自愿执行,易到位
易恶化	彼此关系	易信赖
无成长	员工成长	提高解决问题的能力

来分析一下传统辅导和教练式辅导的区别：

传统的告知：员工觉得被谴责、被责备，是过去导向，领导给答案，强执行，管理者和员工易发生冲突，关系也很容易恶化，员工得不到成长。

教练式指导：教练和辅导对象基于未来导向共同解决问题，管理者帮助员工寻找答案，员工自己探索答案，员工自我解决的意愿高，方案也更容易执行。在管理者引导员工寻找解决方案的过程中，也能提高员工自己思考、解决问题的能力。

本章小结

1. 教练式辅导。
2. 教练式思维。
3. 神奇的大脑——教练思维背后的科学。

第四章
教练式沟通

第一节　建立信任

第三章，我们了解了传统辅导与教练式辅导的区别，从这章开始，我们来学习教练式沟通。有效沟通的基础是相互信任，只有相互信任，沟通双方才会打开心扉，顺畅交流。这一节，就来学习教练式沟通的基础——如何在人际交往中建立信任。

一、建立信任

简单地说，沟通就是对话的过程。

其实，作为管理者，管理团队就是管理对话，我们每时每刻要清楚自己和自己讲什么？周边的人在讲什么？有效区分自己和他人的状态，有效管理每个人的对话，对话有可能是一对一的，有可能是一对多的，有可能是自我对话，有可能是和他人对话，也有可能和组织对话。对话中，每个人都期望对话卓有成效，其实，知道对话要说些什么并不难，难的在于如何开启真正的对话。对个人来说，不是对所有人都愿意说，有感觉才会说，无感觉就不会说。

高效的对话是建立在信任的基础上的。

如果你是团队中的一员，若你无法从同事、上司那感受到信任，当你有建议想提出时，是否会想"我提出建议会不会对我有负面影响呢？""如果我提出建议得不到好的反馈，那我为什么要说呢？"一旦团队成员失去了信任，对话就无从发生。同理，对于管理者来说，要想让团队对你产生信任，就必须建立亲和力，让团队成员的内心枷锁为你打开，对话自然而然就能在信任的基础上建立起来。

如何打造信任的氛围，在人与人之间建立深度的亲和力，就像图中的幼苗一样，只有给予充足的信任，它才会一点点开放，打开自己，允许自己好好看世界，向世界发出自己的声音。

二、管理的盲点

如何在对话中提升自己的亲和能力，如何在组织中建立信任，让真正的对话发生？因此，要了解自己的盲点，了解未知的自己，学会建立信任。

每个管理者都存在管理沟通的盲点。什么是盲点呢？下面先来做两道选择题：选项是缺点和盲点。

有效沟通：管理的盲点

当管理失败的时候，正是我们发现盲点的时候

（1）对管理者来说，如果我沟通不好，我知道，那叫什么呢？（缺点）

（2）如果我的沟通不好，我不知道，那叫什么？（盲点）

大家觉得，对管理者来说，缺点和盲点哪一个风险更大呢？

答案是盲点，因为缺点我们是知道的，所以我们可以有意改进，规避风险；但盲点自己不知道，所以就很难改进，有可能会给管理者带来风险。

当管理失败时，正是我们发现盲点时。

三、乔哈里视窗

那怎样才能发现盲点呢，来看一个管理反馈模型——乔哈里视窗。

乔哈里视窗是一种关于沟通的技巧和理论，也被称为自我意识的发现反馈模型，管理学中通常称其为沟通视窗，这个理论最初是由乔瑟夫和哈里在20世纪50年代提出的需求理论，将人际沟通的信息比作一个窗子。根据信息公开的四个维度：自己知道、自己不知道、他人知道、他人不知道，可以将人们拥有的信息分为四个象限：公开象限、盲点象限、隐私象限、潜能象限。有效沟通，就是这四个象限的有机融合。

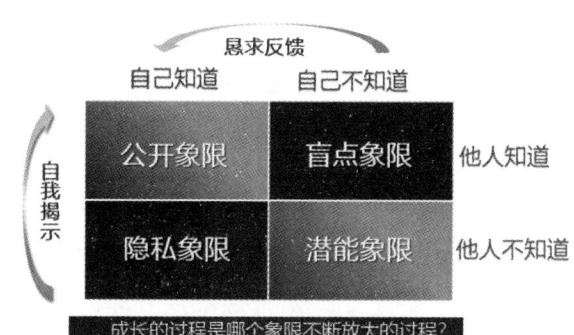

公开象限： 公开象限是自己知道、别人也知道的信息，如你的家庭情况、姓名、部分经历和爱好等。开放区具有相对性，对于某人来说是公开的信息，对于另一些人可能会是隐秘的事情。在现实人际交往中，两个人共同的公开象限越多，沟通起来也就越便利，越不容易产生误会。

盲点象限： 是自己不知道、别人却可能知道的信息，如自己性格上的弱点或者坏的习惯、你的某些处事方式、别人对你的一些真实感受等。

隐私象限：是自己知道、别人却可能不知道的信息，如你的某些经历、希望、心愿、阴谋、秘密，以及好恶等。一个真诚的人也需要隐私，完全没有隐私的人心智是不成熟的。但有效沟通中，适度地打开隐私象限，是增加沟通成功率的一条捷径。

潜能象限：是自己和别人都不知道的信息，如某人潜在的能力。未知区是尚待挖掘的"黑洞"，也许通过某些偶然或必然的机会，得到了别人较为深入的了解，自己对自我的认识也不断深入，人的某些潜能就会得到较好的发挥。

大家想一想：成长的过程是哪个象限不断放大的过程？

答案是公开象限。

我们可以通过自我揭示的方式将隐私象限变为公开象限，也可以通过恳求反馈的方式将盲点象限变为公开象限。

想一想：在日常工作生活中，你和谁的公开象限最大？你和谁的公开象限最小？

是的，一般情况下，我们和父母的公开象限最大，所以我们最信任的人是父母；我们和陌生人之间的公开象限最小，我们最不信任的人是陌生人。

换句话说，如果我们和其他人交往时能够不断放大公开象限，就能增加彼此的尊重和信任。

大家日常工作中可能也有这样的体会，某些人之前也不熟悉，但通过一两次出差或者做项目，就成了无话不谈的好朋友，这就是因为出差和做项目增加了两人相互了解的机会，也扩大了他们之间的公开象限，所以他们的关系就会越来越好。通过这样的例子告诉我们，管理者和员工之间也要多创造相互了解的机会，尤其是非正式沟通的机会，通过坦诚相告和相互问询，增加彼此的了解，这样就能增加彼此之间的尊重和信任。

第二节　有效聆听

一、你擅长聆听吗

沟通的前提是有效聆听，那什么是有效聆听呢，就是完全理解对方的想法、表达和状态。

说起聆听，很多人会很不屑，谁不会听呢？

我们曾经在培训中做过有关聆听的调查，问了两个问题："你

擅长聆听吗？""你周围的人擅长聆听吗？"在被调查的近2000人中，80%的人认为自己的倾听水平在平均水平以上；而特别有趣的是，被调查者认为自己身边只有30%的人擅长倾听。这就说明大多数人认为自己擅长聆听，而大多数人认为自己身边的人不擅长聆听。

看来，我们无法做到有效聆听，是当局者迷而已。

哪些行为在影响聆听？

实际上，倾听是一种很少有人培养的艺术，但是它非常重要。沟通时我们中大多数人会过滤掉对方说的话，选择我们听得进去的内容，所以会导致我们理解不到位。好的倾听者会收集更多的信息，从而与他人建立更密切的关系。

有效聆听意味着甲脑中的信息被准确无误地传导到乙脑中，但通常情况下，在沟通过程中，甲想传达的信息会由于信息的扭曲、环境的干扰和对方理解的偏差，与乙接收到的信息不完全一样。

这些都说明有效倾听并不容易，有效倾听是一种我们需要精心培养的能力。要学会有效倾听，首先要避免那些影响倾听的行为！

现在来看一看，有哪些行为会影响倾听？

- 总觉得能够预料对方要说什么。
- 常有先入为主的概念。
- 把不想听的内容直接过滤掉。
- 不等对方说完就考虑如何回答。

- 听对方说话时很难专心集中注意力。
- 听对方说话时觉得很无聊,都懂。
- 自然环境常妨碍倾听。
- 不愿意接收不相关的信息。
- 听对方说话时心中已经有判断、评价。
- 常常打断对方说话。

如果以上行为中你具备五项以上,就说明你的有效倾听出了问题,需要进一步学习和改善。

除了避免影响倾听的行为外,要做到有效聆听,还需要与对方状态匹配,建立信任,让对方想说。

二、有效聆听三匹配技巧

大多数人说话时,都会把内心的焦虑、内心的期待、内在的要求通过语言的节奏甚至语音语调呈现出来,对方是能够感受到的,一个好的对话的基础是无条件地信任对方。全然地关注对方,匹配对方的状态、语音语调、动作甚至表情,所以谈话者要感受自己的对话、自己的节奏以及呈现出来的状态,去尽力匹配对方。

技巧一:我们要做到肢体匹配,身体前倾,关注对方。

高效的倾听者会将注意力集中在发言者身上,不仅能够跟上发言者说的话,同时还能跟上发言者通过眼神或动作表达的肢体语言。他们不会瘫坐在椅子上，他们身体前倾，表现出自己的兴趣，并且通过他们的口头回应和身体语言保持交流。试想，如果对方和你说话的时候感觉到你心不在焉，对方的感受肯定不好，也很难对你敞开心扉。

【案例分析】失败的倾听

有一次儿子放学回来，特别兴奋地给我说他们班发生的事情，我正听时突然手机响接到一个微信，我就边拿手机回复边听，没想到，孩子突然不说话一扭头走了，我问："怎么了？"孩子非常气愤地说："我不给你说了，你根本没好好听！"

这就是倾听失败的例子，即便是孩子，也会敏感地发现我的眼神挪到手机上，没有全然关注对方，所以导致对方不再想说。

技巧二：除了身体语言匹配外，还需要状态匹配。

我不知道大家有没有这样的经历：假如客户催你付款，当你心急火燎地找财务转账，如果对方慢吞吞，一点不着急，那么你会有什么感受呢?

我认为，很多医患纠纷都源于状态不匹配。

【案例分析】医患冲突

我曾经在医院看到过这么一幕，有个孩子发高烧，她妈妈非常着急去询问大夫，大夫平静如水，不慌不忙让她等着，医生和孩子父母状态不匹配，导致这位孩子妈妈急了破口大骂，让医生也很委屈。当然这位妈妈的情绪管理能力也有点问题，但作为一个医生，如果能理解生病孩子妈妈的焦虑，体谅她的情绪，给予关切，这样的医患纠纷就会少很多。

【案例分析】跪出最美的中华骄傲

董卿在采访从事70多年翻译事业的许渊冲老先生时，由于老先生已经是96岁高龄，腿脚不方便只能坐着，董卿为了能够更好地与老先生交流，以跪地的身姿，对老先生附耳提问，专注聆听。

董卿这一跪，被网友称为"跪出最美的中华骄傲"！不仅是对尊重师长的这一中华传统美德的最好的言传身教。也是聆听中状态匹配良好示范。

技巧三：除了肢体匹配、状态匹配外，还有内容匹配。

也就是说，要考虑谈话对象的知识、阅历和具体情况，不要用晦涩的专业术语，要用对方能听得懂的语言来对话。

【案例分析】对种田的农民问 GDP

某领导人去民间考察，看到一个种地的农民，问："你们这个地区的 GDP 是多少啊？"农民一脸蒙，说："我只听说有人收猪皮、牛皮的，但没听说收鸡皮的，我们这儿养鸡的人多了，没法数清楚到底有多少鸡的皮？"

这个例子很搞笑，其实就是一个内容不匹配导致的笑话。沟通的目的是让人听懂，而不是显示自己多么专业和高明，所以一定要考虑谈话对象的实际情况和接受程度，选择对方能够听得懂的语言，这样才能同频共振。

例如，毛泽东主席用"枪杆子里面出政权！""小米加步枪""一切反动派都是纸老虎！""农村包围城市"等经典名句总结出了中国革命斗争方法。

邓小平善于用浅显明了的词汇阐释重大的问题。例如，他的名句"不管黑猫白猫，捉到老鼠就是好猫""摸着石头过河"等，鲜活通俗，浅显易懂。

习近平总书记系列重要讲话中，常用打比方、讲故事的方式阐述深刻的道理，用大白话、大实话等俗文俚语来释疑解惑，用中国优秀文化传统元素来提纲挈领、纵横捭阖。习近平总书记的语言，平实中蕴含着大智慧，更有一种透彻、直指人心的力量。例如，"打'老虎'、拍'苍蝇'""把权力关进制度的笼子"，既形象又深刻，引来百姓一阵叫好。"打铁还需自身硬""有话要放到桌面上来讲"，简洁到位，生动有力！习近平总书记还经常引用一些古典诗词来阐述他的治国理念，如"治大国如烹小鲜""尚贤者，政之本也"，非常生动形象，易于理解。

说的目的是让人听懂，而不是显示自己多专业。国家领导人尚且如此，何况我们普通人呢。

三、复述与澄清技巧

有效倾听的第一步就是要建立亲和力，匹配对方的肢体语言、状态、内容，创建良好的信任关系。

但有效聆听不仅是听，更需要主动提问与澄清，才能听懂。

人在沟通时，对于同一个词、同一句话，不同的人会有完全不同的解读。沟通的难点不在于听到对方所说的每个字，而是难在即使听到了对方所说的每个字，我们的解释与理解却与对方有所不同。

例如，很多领导经常对下属说尽快把工作做好！大家都能听懂吧，但尽快是多快呢？每个人的理解是不同的。

还有，领导经常让下属整理会议记录，但怎么个整理法？下属的理解不一定和上级相同……

有一次，我们部门招聘了一个新员工，我为了让她熟悉校园的环境，就对同事说，你带她四处转转，没想到一个多小时，他们还没回来，我有些好奇，等他们回来，就问同事："你带她去哪里了，怎么这么长时间？"对方兴奋地说："我带她去学校周边的崇光百货、沃尔玛超市逛去了，咱这儿生活便利，她非常喜欢。"其实我原本是想让同事带新员工去学校各个科室转一转，让大家认识她，便于今后工作的开展，结果没想到同事的理解出现了偏差，弄得我哭笑不得……

从这个例子可以看出，世界上没有完全相像的两个人，因此，碰到与您特别默契、与您心领神会的下属的概率是非常低的，即使有，大多也是在长期的相处过程中相互磨合出来的。

为了有效聆听，避免误会，我们不仅要听，更要去主动应用确认，或是用复述与澄清技巧来确认理解。对认为已了解的，复述关键信息，与对方确认你的理解，听懂说话者背后的含义；针对对方话中含混不清的部分向对方提问，澄清不理解的信息。

四、教练对话的语言柔顺剂

为了减少对方的防备心理，减少谈话摩擦。谈话前，可以加入教练技术的"柔顺剂",增进理解。

比如在谈话的开始可以说:

- 为了确认我的理解……
- 我有些好奇……
- 我想澄清一下……
- 可不可以说说……

有时为了打消对方的戒备心理,也可以在谈话前道明目的:例如,为了更好地了解咱们公司的培训需求,有针对性设计课程,我们召集大家来做个调研……

还可以回放谈话双方的关键信息,以体现对对方的尊重。另外,在开例会或者活动前,可以通过做游戏,发红包来破冰,创造良好的交流氛围。

第三节　深度聆听

一、有效聆听三层次

有效聆听包括三个层次。

第一层:内在聆听。

注意力在自己身上,在聆听自己的想法、判断和看法。

我们经常加入过去的经验、评判、建议。

第二层：聚焦聆听。

注意力在对方身上，关注讲授者的内容本身、关注他们的感受。

可以持中立无评判、全然好奇，聚焦在谈话内容上。

第三层：全息聆听。

关注到整个人，注意到话语背后的能量水平、情绪状态。

用好奇发展出信任，关闭评判、内在对话，全然关注这个人的未来。

有效倾听：聆听三层次

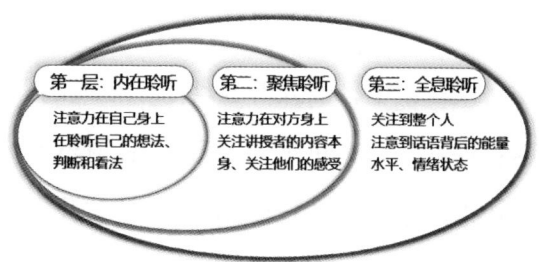

二、同理心聆听

1943年，马斯洛提出需求层次理论，他让当时的人对需求依据重要程度排序，当时人们认为生理与安全需求最重要；但对现代人来说，最重要的需求就是尊重，远超过生理与安全需求，而且单一需求就超过三分之一。

尊重就是约束自己，用同理心的态度对待他人，体贴考虑他人的感受。

同理心是在人际交往过程中能够体会他人的情绪，理解他人感受的能力，也可以将其理解为换位思考的能力。同理心不仅需要了解对方的想法，更需要包容，接受彼此的不同。

同理心在近代社会中，在人群互动中，在人的一生工作生活中扮演越来越重要的角色，也是领导者必备的技巧，许多人常犯的错误在于，认为只要讲出"我懂你的意思""我理解你的心情、处境"就等于展现同理心，但其实对方一点儿都不认为被理解了。为了避免这个"陷阱"，你需要更聚焦在对方感受到什么感觉，并试着描述出来，而不只是在意对方遇到什么情况而已。**通过说出事实以及说出对方的感受，就能展现出同理心，同理心不只是理解对方的处境，更是要理解对方的情绪与感受。**

事实就是指对方所处的情况、遭遇；感受指的就是对方在此情况或状况下所遇到的情绪与感受。

例如，当你遇到一个因为周末加班感觉到心烦的下属时就可以说,你看起来似乎因为加班工作感到不太开心,加班工作就是指的事实,感到不太开心则讲出了对方的感受。当你看到你的同事,因为客户来来回回调整需求而情绪不好时,你可以这么说,客户反复调整需求,你应该觉得很烦吧,客户反复调整需求就是指事实,"你应该很烦吧"则讲出了对方的感受,当你说出这句话后,只要安安静静等待,将说话角色还给对方,对方感受到你的尊重和倾听,自然就会开始分享。同时,当对方感觉到你尝试理解他后,你们也会进一步建立起信任感,感受尊重,让事情更加容易处理。这样的沟通,对方不仅知道你听到了,也会知道你听懂了。

已故的管理学大师史蒂芬·柯维在他的最后一本书中提出了一个概念——"同理心倾听"。

什么是同理心倾听?就是不带任何成见和立场去倾听跟自己意见不同的人的看法。

柯维认为,人其实具有一种想要评论其他人的自然倾向。例如,当大家听完一个人的演讲后,当有人说"我不喜欢那个人的演讲"的时候,其他人的自然反应是从自己的观点出发,来评价这句话,如"我也不喜欢"或者"没有啊,我觉得挺好的"。这是一种非常典型的评判。在生活中,这种例子比比皆是。而很多的争执也就是因为缺乏同理心导致的。别人说一个观点,我们认为他的观点不对,于是即刻反驳。这就好像我们打篮球,别人传球过来,我们接住球,立马把它扔出去。我们经常发现在有些公司的食堂,很多人聊着聊着就吵起来,不欢而散,多半是因为大家对同样的事物有不同的观点,而不是陈述事实,观点不同,就聊不下去了。例如,最近热议的"双减"政策落实措施,有些人欢迎,有些人反对,大家在一起如果都是阐述自己的观点,可能就很难达成共识。但如果都是分析新政执行前后的利弊,可能谈话氛围会好得多。

培养同理心沟通,就是中间有个停顿和消化,接球、停住、想一想,再扔出去。柯维说,每当自己听到有人不同意他的观点,他会持有"先寻求理解,再寻求被理解"的态度。也就是说,他会先努力去理解别人的观点,然后再阐述自己的观点,希望取得别人的理解,而不是下意识地先进行反驳。因此,具有同理心的倾听,意味着当你听到别人发表与自己相反的观点时,先提问"为什么呢?我想听一下你的看法。"这样,不论是否认同对方的看法,都可以从里面获得一些启发。

有效倾听:同理心倾听

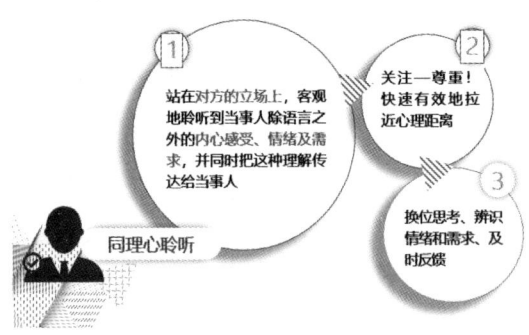

具体来说，同理心倾听包括三点：

- 站在对方的立场上，客观地聆听到当事人除语言之外的内心感受、情绪及需求，并同时把这种理解传达给当事人。
- 关注—尊重！快速有效地拉近心理距离。
- 换位思考、辨识情绪和需求、及时反馈。

同理心倾听的本质，不在于想同意他人，而在于你完全地、深刻地了解他，情绪上与理智上全然投入，而不是单纯、单一地听，它覆盖的范围广，是用你的眼睛、耳朵、心来倾听。

三、积极聆听

那怎样做到积极聆听呢？

我们来看一下"听"这个繁体字，繁体的"聽"为耳德，即耳朵所得，将"聽"字拆分开为："左侧为：耳听为王；右侧为'十'目一心"。意为在听的过程中要一心一意地关注着对方。不仅要用耳朵，还要用眼睛、用心来倾听。

怎么听？首先要匹配，匹配对方的身体语言、状态和内容，点头、微笑、目光接触，回放对方的关键词，全然的好奇发展出信任，给客户更广阔的空间，站在时间系统、人发展系统上看问题，关闭评判和内在对话，听这个人话语背后的情绪、情感和能量，全然关注这个人的未来。那具体听什么呢？要用同理心倾听，听事实、听感受，还要听对方话语背后的需求和体现出来的价值观。

如果要做到有效聆听，必须全神贯注，实际上这是很累的，所以一个人24小时都做到有效倾听是不可能的，那什么样的情况下我们要有效聆听呢？

- 当彼此的信任关系比较低的时候
- 当对话中有负面情绪的时候
- 当对话中明显有言外之意的时候

因此，如果彼此的信任关系很好，表达很清晰，没有言外之意，那我们就可以稍微放松一些！

第四节　有效提问

一、好问题标准及问题类型

提问是未来最重要的领导力技巧，只有提出正确的问题，企业才能找到创新的解决方法！

——哈尔·格雷格森

（一）启发式提问

彼得·德鲁克曾说过，没有什么比正确回答了错误的问题更加危险。可惜在大多数时间中，领导者都在努力解答错误的问题。麻省理工学院领导力中心执行主任哈尔·格雷格森认为，未来最重要的领导力技巧就是提问,只有提出正确的问题,企业才能另辟蹊径,找到创新的解决之道。哈尔·格雷格森也因为在这一领域的洞见被授予2017年思想家、50人领导力奖。他说:

越是高层领导者越会面临领导者困境,解决的方法就是积极走出舒适圈,主动提问!

(二)好问题三标准

那怎样有效提问呢?

爱因斯坦曾经说过:"提出一个问题比解决一个问题更重要!"有效提问能激发员工不断思考,就好比打开水龙头,让员工的创意和想法不断流动出来,那么什么样的问题是好问题呢?

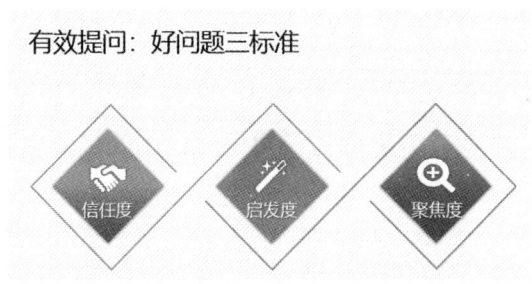

通常来说,一个好问题必须同时具备信任度、启发度、聚焦度三个要素。我们来给大家举一个例子,孩子考试考砸了,你知道后特别气愤,你对他说:"你怎么考成这样?"你的负面情绪、你对他的责备都会激发孩子的本能脑,他马上就会进入对立状态,你们之间的信任度就会被破坏掉!但如果你换一种说法:"没考好,一定不好受吧,咱们来分析一下,如何改进,下次就能考

好呢？"首先，"没考好，一定不好受吧"是同理心的倾听，咱们来分析一下，如何改进，下次就能考好呢？这种面向未来的思考方式不仅能引导孩子面向未来思考，而且能够聚焦在怎么解决问题上！

再给大家举一个例子：1983年乔布斯对时任百事可乐公司总裁的约翰·斯卡利说了这样的一句话，也是乔布斯的经典名句。"你是想卖一辈子糖水，还是想跟我一起去改变世界？"

相信对任何有志向的人来说，这都是一句无法抵挡的话。于是斯卡利毅然来到苹果公司并担任了苹果公司的CEO。在接下来1984年麦金塔电脑的大卖中，足以证实他们开始改变世界了。从乔布斯的说服中我们可以看到猎头精深的理性说服技巧，这句话其实很有意思，乔布斯大神这哪是说服，完全就是实施降维打击，他比较的品牌维度完全不一样。乔布斯说苹果公司时，用的是高层次的愿景：改变世界。而他说百事时，用的是低层次的行动层：卖糖水。

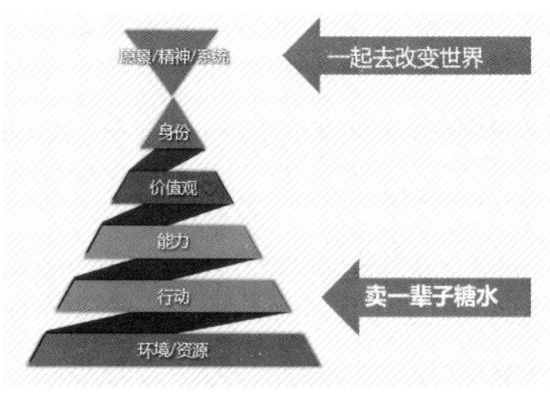

（三）问题类型

问题的类型有两种：一种是开放式问题，另一种是封闭式问题。开放式问题就是不限制答案的问题，通常把它称为问答题；封闭式问题就是限制问题选项的问题，通常把它称为选择题。我们经常会用开放式问题搜集信息，用封闭式问题来确认信息，就像提问漏斗一样。

（1）有效提问的时候，要多问开放式问题，少问封闭式问题。

（2）多问"如何"？少问"为什么"？

但一种情况例外，即，问价值观时可以用"为什么？"

例如，"为什么它对你这么重要？"这个问题可以将人们带入对价值观的探索。但其他类型的"为什么"问题也许会关闭谈话，因为它们会激起人们的防御机制，迫使人们进行合理化的辩解。

（3）多问面向未来的问题，少追责过去。

（4）先用开放式问题横推搜集信息，再用封闭式问题向下挖掘深度思考。

二、转化式对话工具——逻辑层次

【案例分析】快递员的故事

小区门口有个快递站，经常看到有快递员在那儿理货和分发，有一天我早上上班路过，看到几个快递员在聊天，一个小伙子边理货边说,"送快递太辛苦了,没完没了地理货分发,哎,要不是为了生存谁干啊,啥时候是个头啊!"第二个小伙子说:"送快递怎么了,成为一个优秀的快递员也很光荣啊,顺丰还有个快递员去纳斯达克敲钟了呢!"第三个看起来是他们组长,冲他们俩说,"你俩别唠叨了,好好干,咱们是在为中国的物流事业添砖加瓦呢!"

为何处在同样环境的人,思想会有这么大的不同?

其实,这关乎一个人的内在价值感,当一个人能够看见自己未来要做什么事情时,他的内在价值感就会被激发出来。例如,武汉火神山医院建设的时候,当时武汉处于疫情中心,普通人躲都躲不及,但一方有难、八方支援,很多建筑工人冒着生命危险,响应国家号召,从四面八方奔赴火神山医院,就是因为他们觉得能在那个时期支援武汉、支援疫区,是一件非常自豪、有意义的事情。

因此,在组织中,管理者如何带领团队看见未知的领域?

这就需要通过转化式对话,将团队的视野从自身行动和周围环境拔高到使命、愿景上。简单来说,就是让理货的人知道自己要做优秀的快递员,让做优秀快递员的人知道自己在为中国物流事业添砖加瓦,将内在能量从高层逐渐传递到底层,这样就能不断地激发人们产生意愿去创造更广阔的未来。下面我们来给大家介绍一个应用于转化式对话的工具——逻辑层次。

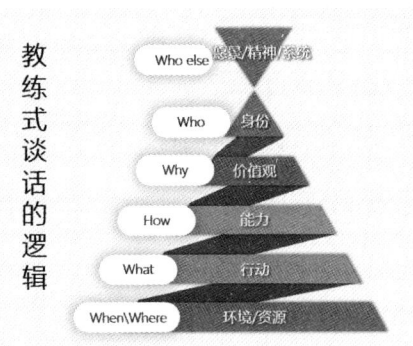

逻辑层次最早是由人类学家格雷戈里·贝尔森以逻辑和数学理论为基础提出的一套行为科学理论,后来由罗伯特·迪尔茨深化、发展,并成为教练技术中非常重要的结构化工具。科学发现,人脑处理信息的模式有一个自然存在的逻辑框架,这个框架非常像"金字塔"。

人脑的逻辑层次形成的过程是自下而上的。

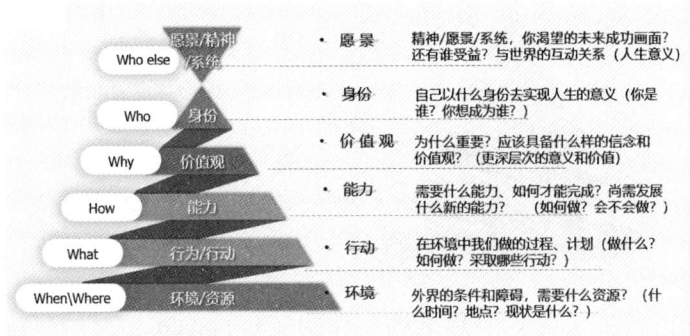

逻辑层次由上至下,可以分为六个层次:

愿景/精神/系统层:指你渴望的成功画面是什么样的?假如成功了,还有哪些人会受益?你与外界的互动关系是怎样的?

身份层：指如果要实现愿景，你想成为谁？你会成为谁？自己以什么身份去实现人生的意义？

价值观层：实现愿景或成功为什么对你这么重要？你应该具备什么样的信念和价值观去支持你实现愿景？价值观是你更深层次的意义和价值。

能力层：实现愿景需要具备什么能力？如何实现？还需要发展什么新的能力？（如何做？会不会做？）

行动层：我们要采取什么样的行动？在环境中我们做的过程，做计划（做什么？如何做？采取哪些行动？）

环境/资源层：指外界的条件和障碍，需要什么资源？什么时间？地点？现状是什么？

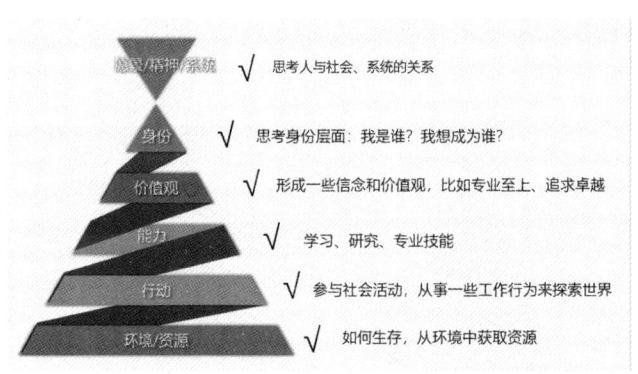

所以普通人最初的思考框架仅限于环境层次，他每日琢磨的都是如何生存，从环境中获取资源；

逐渐地，人开始渴望思索行为层面，去参与社会活动，从事一些工作行为来探索世界；

这之后，人开始将探索延伸至能力层面，所有的学习、研究、专业技能，都属于能力层面；

在不断探索和积累之后，人开始形成一些信念和价值观，如专业至上、追求卓越；

随着信念和价值观的逐渐清晰，人就会去思考身份层面：我是谁？我想成为谁？思维探索的领域最终将会达到更高的愿景、精神层面，这个层面主要涉及的问题是思考人与社会、系统的关系。

刚才我们讲，人脑的逻辑层次形成的过程是自下而上的。但**逻辑层次的影响力却是自上而下的，每一层次的功能都影响和指导着下一层次的各种关系。**

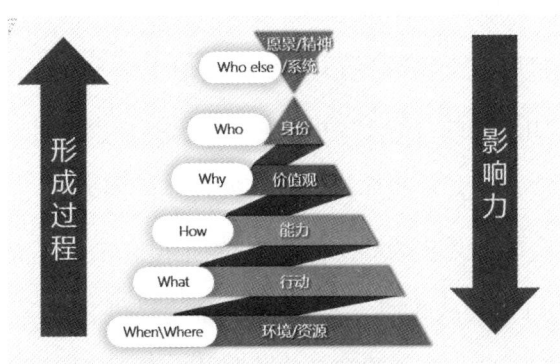

高层次上发生的改变必然会向下辐射，从而引发低层次上相应的改变。意识到逻辑层次的存在并尝试应用，就开启了一条深入探索自我和他人的有效路径。

人的思维都是符合基本逻辑的，所以如果用一个逻辑框架去与对方谈话就能让人比较容易接受。

爱因斯坦说:"不能在制造问题的层面来解决问题。"逻辑层次恰好给人们一个符合大脑认知规律的层面划分,最大的好处是它能够帮人们从更高的层面看问题,在实践中非常有用。

管理者可以通过提问干预员工思考的方向和方式,既可以把他从僵化的思维模式中拉出来,也可以使他多层次、更全面地去审视自己的问题,从而激活更多脑区工作,全方位思考。

例如,前面提到很多骨干员工晋升为管理者,还是埋头做业务,就是他依然把自己定位为个人贡献者,而管理者是使众人行!通过他人完成工作,不是自己完成工作,所以一旦他意识到自己应该是团队贡献者,做好角色转换,他就会发展辅导下属的能力,带领团队制订目标,为组织做贡献。

还有很多职业女性生完孩子就辞职,也是需要厘清对自身的定位问题。如果她的角色定位是做一个既能顾家又能顾事业的职业女性,那她就会去发展其能力,来实现她的愿景。

假如做全职妈妈的女性拉长生命的维度,去思考20年后,当孩子长大之后她想成为谁?从整个生命的维度去思考她的角色,那么有可能她就会对今天的角色定位做出调整。

三、逻辑层次应用实例

通过前面的学习,大家对逻辑层次有了初步的概念,本节我

第四章 教练式沟通

们将通过一些逻辑层次的应用实例，帮助大家理解和掌握逻辑层次在实践中的应用方法。

（一）高层次表扬、低层次批评

在员工激励方面，逻辑层次是一个非常好的提问工具，管理专家何岸老师总结出来一个非常有用的谈话公式。那就是：

人们更喜欢高层次表扬、低层次批评。

这就是通常所说的表扬时要戴高帽，批评时不要上纲上线。

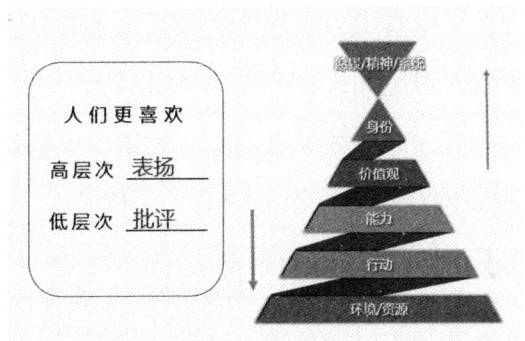

举一个例子：

当下属交上一份报告，如果报告写得很好，你会怎么表扬他？

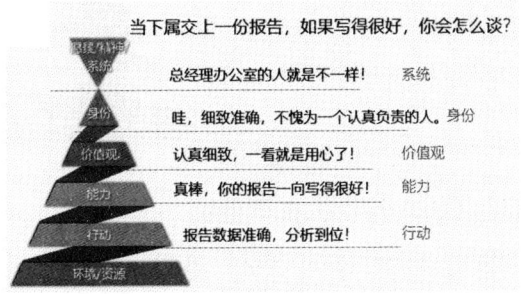

如果你表扬他：

行动层：报告数据准确，分析到位！（评价这次工作的事实）

能力层：真棒！你的报告一向写得很好！（评价了一贯的行为）

价值观层：认真细致，一看就是用心了！（评价做事的动机）

身份层：哇，细致准确，不愧为一个认真负责的人。（对表扬对象的身份进行定义，认真负责的人）

愿景/精神/系统层：总经理办公室的人就是不一样。（不仅表扬了他，还表扬了他所在的部门，表扬了系统）

从以上分析可以看出，当管理者表扬员工的时候，虽然他做的是具体的事情，但是如果我们能从逻辑层次的更高层次去表扬他，就会达到更好的激励效果；反之，如果仅仅是就事论事，员工的内心触动就没有那么大。我们来看一个例子：

当下属交上一份报告，如果写得不好，怎么谈？

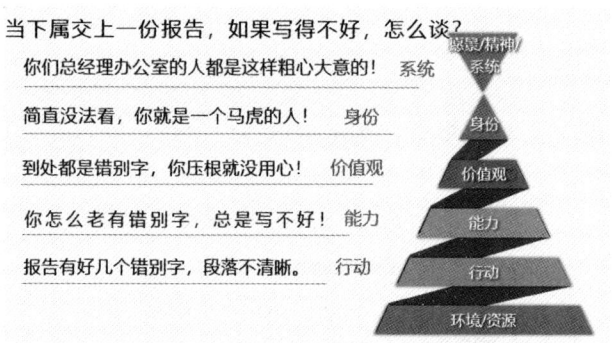

如果我们在不同的层次去批评他：

行动层：报告有好几个错别字，段落不清晰。（就事论事，员

工会心服口服）

能力层：你怎么老有错别字，总是写不好！（否定了员工一贯的能力，会激起员工的负面情绪）

价值观层：到处都是错别字，你压根没有用心！（否定了员工做事的动机，员工会更愤怒）

身份层：简直没法看，你就是一个马虎的人！（直接给员工下了一个身份定义，给他贴标签：马虎的人！员工听了一定非常气愤，有可能会和上级产生对抗）

愿景/身份/系统层：你们总经理办公室的人都是这样粗心大意的！（不仅否定了员工，而且还否定了他所在的系统——总经理办公室，那会激起更多人的敌视和对抗）

也就是说，当员工犯了错误，我们最好就事论事，他在哪个层次上出现的问题，就在哪个层次上去描述事实，去与他分析和辅导改进，这样才会达到比较好的辅导预期。

刚才我们讲：人都喜欢高层次的表扬和低层次的批评，我们在表扬时，可以提高一至两个层次或者在更高的层次去表扬；但我们**批评员工时，最好就事论事，他在哪个层面出现的问题，就在那个层面去批评他。**

例如，员工迟到了，我们可以说：

"公司规定九点上班，现在已经九点半了，你怎么现在才来？然后平静地听员工解释原因，这样万一员工迟到理由充足（见义勇为导致），你也可以避免尴尬。如果员工迟到理由不充足，你可以问他,"以后如果出现类似情况,你怎样保证不迟到呢?"引导员工面向未来去思考,以后如何改善或者避免这种现象。

除了刚才介绍的这种方法外,我们还可以用更艺术的批评方法:**批评员工时,可以用高层次的表扬+低层次的批评。**

例如,同样是员工迟到这件事情,该怎么批评呢?

你平时都很准时(肯定能力),今天怎么迟到了(就是对他行动层进行批评)?

你平时是个守时的人(从身份层把他定义为守时的人,给他戴高帽),怎么今天迟到了(批评他的偶然的现象,一次性行为)?

他听了以后心理感受会比较好,更可能接受你的意见和建议。

另外,我们在和客户接触、打交道时,有时候难免会犯些小错误,那为了避免客户生气或对你抱怨,寻求客户原谅,你还可以用低层次批评+高层次表扬。就是对自己,用低层次的批评;对客户,用高层次的表扬,给客户戴高帽,抬到一定高度,这样客户就不好意思再对你发脾气了。

抱歉,这次是我大意了,下次一定注意!您是个宽宏大量的人,就别生我的气了。

同样,在平时的工作中,如果我们犯了小错误,惹得领导生气了,我们也可以给领导说:"抱歉,这次是我不对,下次一定改善,您是个宽容的领导,别生我气了。"

假如你这样说,领导和客户还好意思对您抱怨和生气吗?

请大家记住：人都喜欢高层次的表扬，低层次的批评！

（二）愿景驱动

凡是有伟大成就的人或者组织一定是梦想驱动的，如埃隆·马斯克，被誉为现实版的"硅谷钢铁侠"，他的疯狂和对梦想的追求让他在全球家喻户晓，他年轻的时候就梦想把人类搬离地球，去实现他的火星与月球殖民计划。更可贵的是，这么多年，他一直追随梦想，逐步改变人类太空的探索历程。据说马斯克从小智力超群，沉迷于计算机，喜欢游戏、漫画和太空。他在信息科技方面拥有超凡的天赋潜能。大学毕业后，24岁马斯克用天使投资创办了Zip two公司，4年之后卖给康柏公司并从中获得2200万美元收益。按照普通人的人生轨迹，是他们一辈子花不完的财富，但马斯克并没有停下脚步去挥霍享受，而是怀揣梦想前进，依旧每天工作14个小时，脚踏实地努力将梦想变成现实。

在SpaceX成立的16年里，马斯克经历了18次失败，他从亿万富翁变成了四处挨骂的骗子，开始了十多年的"凄楚人生"，人们评价马斯克：要么是刚当上暴发户异想天开，要么是心怀不轨的世纪骗子。面对外界的质疑和嘲讽，马斯克始终没有动摇过，他一直坚持做自己想做的事。他用了7年的时间和无数次的失败，让梦想接近现实。当众人将其"移民火星"的理想当成笑话时，2018年，马斯克的火箭重型猎鹰成功完成首飞，并完成一级火箭回收，改变了历史、见证了奇迹，这个他吹了7年的牛，终于成为现实。

马斯克用自己的成功证明，梦想是卓越者成长的第一大驱动力。

类似的人还有很多，如苹果的乔布斯、阿里巴巴的马云……他们都能追随梦想，用行动证明自己。但大多数生活在抱怨里的人都是从下往上生活的，他会被现实的资源所限制，所以一个人从哪个地方开始决定了他们的未来，是从内在的动力开始，还是从外在的这种限制开始。

组织也一样，华为公司21000元起步，经过30年来的奋斗，从"一无所有"到"三分天下"，30年走完大部分公司100年的历程，从积极跟随者到行业领先者，就是源于华为公司及其创始人任正非先生超人的意志力与美好的愿景：丰富人们的沟通和生活。

同理，从逻辑层次我们可以看到，一个国家的愿景和价值观也决定了他们在面对同一个危机时的不同行动和举措。

例如，在2020年全球抗疫过程中，中国和某些西方发达国家表现迥然不同，是否把人民的生命安全和健康列于首位，体现了不同国家的价值观。在疫情防控中，中国政府始终把人民群众生命安全和身体健康放在第一位，坚持人民至上、生命至上，不惜以经济发展停摆为代价，在抗疫过程中，采用了诸多举措，有效控制了疫情在中国的发展。而西方很多国家，如美国，为了追求资本的利得，疫情初期，无视普通人的生命和健康，淡化疫情大流行的影响，任由疫情蔓延；当美国疫情肆虐，民众深陷新冠肺炎疫情危机中时，特朗普政府还冒着疫情反弹的风险顽强推进复工。

疫情发生以来，中国人民在习近平总书记人类命运共同体理念指引下，同世界卫生组织及有关国家保持密切协作。第一时间通报疫情信息，迅速测出并分享病毒基因序列，中国第一阶段抗击疫情成功后，向世界各国积极分享成功救治经验，无偿提供医疗物资及国际援助。在抗击疫情的过程中，中国人民与世界各国人民同舟同济，共克时艰，彰显了全球合作抗疫负责任大国的担当，汇聚起全球抗疫的强大力量。中国人民与世界人民展现出的团结协作、守望相助成为人类命运共同体理念的最好诠释。而美国不仅不加强国际合作，尽快战胜疫情、救治病人，而且还向中国政府大搞"甩锅"战略，把抗疫不力的责任"甩锅"中国，否认歪曲事实，转移视线并阻挠真相公之于众。这些均遭致世界各国包括美国媒体和人民在内的强烈谴责和批评。

（三）组织决策

除了进行自我觉察、厘清决策外，逻辑层次还是一个有效的沟通框架，可以快速地去定位交谈者的语言信息在哪个层次，从而匹配信息、加强对话间的链接。另外，逻辑层次还可以作为决策框架。逻辑层次的影响力是自上而下的，这意味着任何一个低层次的问题，只要提高一个层次思考就能找到方法。例如，一个资源匮乏的项目，假设徘徊在同一层次思考，越想越觉得简直是无米之炊、一筹莫展，更可取的决策方法是在逻辑层次上重新梳理：现有资源下，可以实施怎样的行动；需要发展什么样的能力；对于项目的成功来说，更重要的是什么（信念/价值观）等。一旦整个逻辑层次走通顺了,再回头看之前决策卡住的地方,原有问题已经变得微不足道了。

我们来给大家介绍在组织决策中应用逻辑层次的一个例子。

SONY创始人盛田昭夫曾说过一句话:"一生中最伟大决定,是为公司未来拒绝10万订单!"这句话背后有个故事。

【案例分析】一生中最好的决定

1955年,当初的东通(也就是SONY)公司成立第九年,研究出来一款晶体管收音机。那在当时是具有划时代意义的一件电子产品,盛田昭夫的主要任务和职责是营销,他带着产品——小型录音机远赴美国寻找合作伙伴,当时美国本土一家公司布罗瓦看上了这款产品,老板对录音机爱不释手,当即拍板订购10万台,要知道10万订单对于一款产品来说是一笔大数目,不要说当初那个时代,就现在一款新产品上来就有10万订单,那也是一笔巨款啊。不过对方也提出了一个要求,那就是将生产公司的名字换成自己的布罗瓦(Bulova),这就相当于让当初的SONY,即东通成为自己的代工厂,做OEM贴牌生产。

年轻的盛田昭夫一时也举棋不定。毕竟那是10万订单,而当时的日本本土市场和经济并不算景气,这笔订单极具诱惑力,不过最终盛田昭夫选择了拒绝这笔10万大单,对方CEO非常不理解,问:"如果你不需要这笔订单,你远赴千里来找我谈什么呢?"盛田昭夫当时说:"现在,我要为公司未来的50年迈出第一步。"后来回忆时他说:"当时我对我的产品非常有信心,SONY不会为他人作嫁衣,这是我一生中做得最好的决定。"如果没有盛田昭夫当初的这个决定,或许没有今天的SONY,正是他的愿景和拒绝,让SONY在未来的50年发展中闪耀世界,生产出很多具有魔力和跨时代的产品。

当组织面临艰难决策时,盛田昭夫从愿景层来思考,就很快做出了正确决策。

组织决策中应用逻辑层次的例子还有很多,例如,大家熟知的台湾诚品书店创始人吴清友曾经说道:"书店赔钱的15年,是一生最丰富的时光!"吴清友之前是做房地产和证券公司的,在挣得人生第一桶金后,吴清友在台湾阳明山买了一块地准备盖房子。当时,一位风水先生告诉他:"要赚钱,房子要朝南;要健康,房子要朝北;如果希望让生命积累一点智慧,房子要朝东。"吴清友选择让房子面向东方。

【案例分析】吴清友的诚品书店

1988年,吴清友因为先天性心脏病发,进行了第一次开胸心脏手术,经过大量输血抢救,才从鬼门关走出来。与死神擦肩而过之后,他下定决心,选择喜欢且有意义而非赚钱的行业。从小就喜欢看书的他,觉得书店的事业符合理想,于是就创立了诚品书店。诚品书店购书环境精致而讲求品位,形成独特的诚品书店文化,每一家分店都有自己的特色和风格。诚品书店成为台湾地区著名的文化产业坐标和访台游客的必去景点。但书店不盈利,一亏15年,可是吴清友很快乐。这就是愿景的力量,经营书店是他的愿景,他选择了他想做的事情,就无怨无悔!

(四)有效谈判

除了组织决策外,逻辑层次也是非常好的谈判工具。我们来看两个例子。

【案例分析】毛主席的智慧

在视频重庆谈判中,国民党戴季陶讥笑毛主席:"你怎么拜了国民党的先总理?"(戴季陶讥笑毛主席的是行动层。)

毛主席说:"中山先生于公,是民主革命的领袖,理应尊敬;于私,我早年接受过孙中山先生的教诲,而且要实现孙中山先生的遗愿——和平建国之大业。"毛主席用尊重和感恩(价值观层)、实现孙中山先生的遗愿——和平建国之大业(愿景层)反击了戴季陶,博得大家的尊敬和掌声。

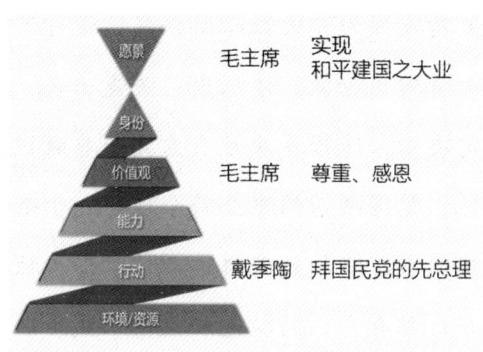

第四章 教练式沟通

下面我们再来看看在第一次大围剿中朱德反击国民党将领张辉瓒的故事。

【案例分析】朱德智驳国民党将领张辉瓒

1930年10月，蒋介石纠集12万重兵，第一次大规模地"围剿"中央革命根据地，企图消灭工农红军。前线总司令张辉瓒在"围剿"前向蒋介石立下军令状说要活捉"朱毛"。当时，红一方面军4万余人，由总司令朱德，总前委书记兼总政委毛泽东领导和指挥，敌众我寡。面对来势汹汹的敌人，毛泽东、朱德制定了"中间突破"的战术，即先打敌主力师，分敌为两块，以便各个击破。当张辉瓒率敌第18师行进到狭窄山路时，突遭红三军迎头痛击。张辉瓒自恃兵力武器占优，马上组织反扑，战斗十分激烈。下午，红军大部队及时赶到，切断了敌人突围的道路，捣毁了敌18师师部。张辉瓒见势头不妙，赶紧脱掉中将军装，换上士兵上衣只身逃跑，但被搜山的红军战士发现并活捉。

电视剧《开国元勋朱德》中再现了这个故事，有个这样的镜头。被活捉的张辉瓒见到朱德并不认输，说："天有大雾我才中了你们的埋伏，否则的话，凭实力我绝不服气。"朱德反问："你所说的实力是指什么？"张辉瓒答："当然是指军事力量。"朱德反击："用兵者，可以山川江河为兵，借风雨烟雾为力，一万精兵可当十万。只知勇武拼杀，纵有十万精兵，又当如何？"说得张辉瓒哑口无言。

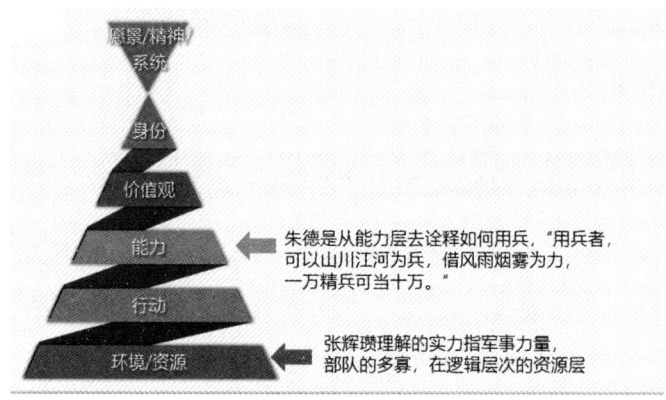

从这段对话中,我们可以看出,张辉瓒理解的实力是指军事力量,在逻辑层次的资源层,比的是军队的多寡,但朱德是从能力层去诠释如何用兵,朱德说:"会用兵的人,可以山川江河为兵,借风雨烟雾为力,一万精兵可当十万。没有用兵能力,纵有十万精兵,只知勇武拼杀,也没有用。"让张辉瓒输得心服口服。

在日常生活中,也有很多应用逻辑层次的例子。

【案例分析】女童香港街头便溺

几年前,有个内地女童香港街头小便,引发内地夫妻与港人激烈冲突。后来舆论越炒越热,又引发内地与香港"口水战",在各方口水与板砖满天飞的状况下,陈道明的一条微博,平息了这场网络激战。

我们来看看,陈道明是怎么评价的呢?陈道明说:"**文明的意义除了不当街便溺外,还有善意与宽容,前者是表象,后者才是**

根本。"真正的文明，是碰到这样的情况，走过去善意咨询那位母亲是否需要帮忙，或者指引她找到厕所，而不是冷漠地拍照当成渲染内地人素质低下的又一个证据。内地人的素质的确有待提高，但香港人的文明同样需要提升。

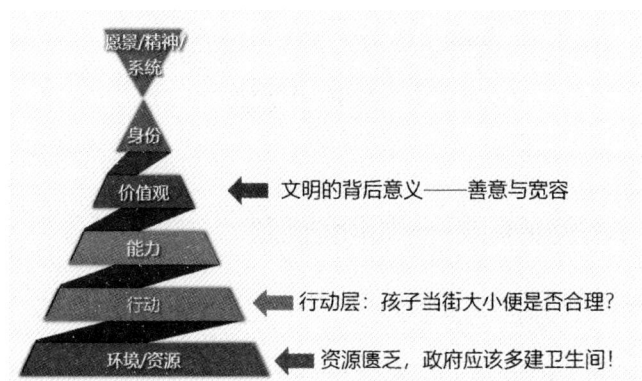

媒体和网友的争论集中在资源层和行动层，焦点在"孩子当街小便是否合理？这是行动层。

政府是不是应该多建一些卫生间？这是资源层。

陈道明跳出资源层和行动层，用文明的背后意义，"善意与宽容"在价值观的层面评论内地小孩便溺事件，一下就道出了问题的本质，也体现了他看问题的视角与格局。

四、假如问题框架

假如问题框架为我们提供了一个卓越的提问方法，是帮助个人和组织跨越困境和挑战的提问方式，我们可以采用不同问话方式，从不同角度、不同维度对辅导者提出问题。

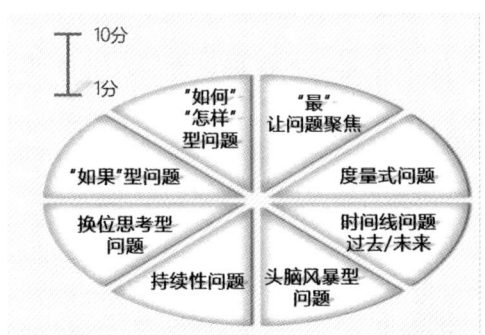

（一）提问更有效——如何型问题

- 如何让项目进展顺利呢？
- 如何才能提升工作效率？
- 如何能够实现你期望成为知名节目主持人的梦想呢？
- 如何型问题主要是在行动层发问，引导谈话对象去思考，怎样能够做得更好？或者采取什么行动能够达到预期目标。

（二）提问更有效——时间线问题

- 过去最富有勇气的你，会怎样看你现在的状态？

（这种情况一般是谈话对象对现状不满意，你用他过去的勇气给他现在赋予一定能量）

- 未来最有智慧的你，会给现在困顿的你哪些建议呢？

（你还可以引导谈话对象朝向未来，跳出现状和限制去思考）

- 五年后你再来回顾这件事情，你将会有什么不同的思考呢？

（有时候，员工会在某些时点卡住了，如果能让他从时间线未来的角度转换视角，他可能就会有新的思考）

- 回顾你过去的项目成功案例，你认为其中最关键的因素是什么呢？

（这是通过经验萃取，从过去的成功经验中提取关键因素，给现在的你赋予能量和资源）

（三）换位思考问题

- 假如你是投诉客户，你希望能得到什么样的赔偿和服务呢？（客户立场考虑问题）
- 假如你把这件事告诉你的家人，他们会怎么看你呢？
- 假如你是期末考砸了的孩子，你期望父母怎样对待你呢？（换位孩子视角，理解孩子）
- 假如你最尊敬的人看到你这样，他会怎么评价你呢？

（四）如果型问题

如果谈话对象资源匮乏，受限卡住，你可以引导他转换视角，跳出限制。

- 如果你想更好地提升写作能力，你将采取什么行动？
- 如果你有一个清晰的工作目标，你会怎样采取行动呢？
- 如果你60岁退休的时候，你希望公司同事怎么评价你？
- 如果下次再碰到类似问题，你会怎样做得更好呢？

(五)"最"问题

提问中,最常见的问题就是"最"的问题,例如:

- 阻碍你取得成果的最大困难是什么?跳出现状,看你在资源层什么地方卡住了?
- 这件事带给你最重要的启发是什么?
- 有哪些最有效的方法,可以支持你拿到预期成果?(行动层思考)
- 在诸多的目标中,你最想要的是什么?(愿景层思考)

(六)提问更有效——度量式问题1~10分

当我们面对比较抽象的概念时,就可以用度量衡问题,如工作满意度,1分代表不满意,10分代表非常满意。

- 如果让你对现在的工作状态满意度打分?你现在的状态是几分?(1~10分)
- 你期待达到的工作满意度是几分?
- 为了达到期望的满意度××分,可以做些什么来实现?
- 如果挑战期望值,满意度可以达到理想分值,你还会做些什么?(举例:员工对现状打分6分,理想目标是8分,你可问,8-6=2(分),你可做什么就能弥补这两分呢)

(七)提问更有效——持续性问题

如果想激励员工持续努力,就可以用持续性问题。

- 有哪些好方法，让你持续保持公司销售冠军呢？
- 你怎样才能不断学习和成长呢？
- 假如你想持续保持健康状态，你可以做些什么？
- 假如你的能力每天都在提高，五年后的你会成为什么样的人呢？

第五节　有效反馈

一、反馈的类型

（一）反馈的性质

按照反馈的性质可以分为两种：正反馈和负反馈。正反馈就是积极正向的反馈；负反馈也称为改进型反馈，一般指管理者对员工批评指责。

（二）反馈层次

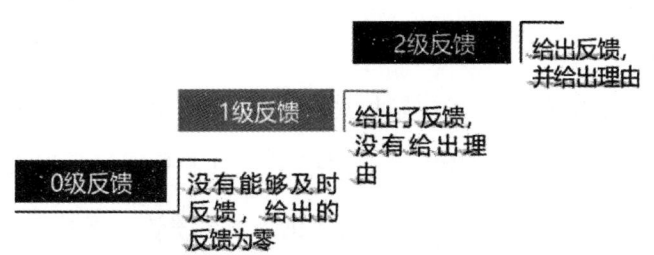

按照反馈的层级可以把反馈分为三种：零级反馈、一级反馈、二级反馈。

零级反馈，就是没有能够给出反馈，给出的反馈为零。

一级反馈，就是给出了反馈，没有给出理由（例如，这个报告你写得很不好！）。

二级反馈，就是给出了反馈，并给出理由（例如，这个报告你写得很不好，错别字太多了，格式也不对，一点不严谨）。

作为领导者，真正需要掌握的是二级反馈。因为只有管理者指出员工的问题，并且给出解决方案，或者解决思路，员工才知道如何改进。

（三）管理反馈的现实

作为一名员工，你期待在工作中改善行为，从而提升绩效吗？你期待从同事或者主管那里获得反馈从而改善行为吗？

研究表明，大部分员工都希望能从主管那里获得更多的反馈，但是大部分员工都觉得主管很少给他们反馈。

为什么会存在这样的差距？那是因为有些主管期待员工自我察觉、自我成长，相信只要给员工一点时间，他们总是会自动改善与调整；有些主管则是反馈技巧不到位，自以为给他人反馈，但是对方并没有理解主管想传达的信息，反馈没有发挥成效；还有的主管，反馈时带着情绪批评指责，员工有抵触，根本没听进去。实践表明，辅导频率越高的下属，员工绩效越好。

二、正反馈的 STAR 法则

那么怎样辅导反馈，会取得比较好的效果呢？

（一）STAR 法则

现在来学习一下正面反馈中经常用到的技巧——STAR 法则，STAR 法则是指在给予员工正面反馈时，从情况/任务、行动、结果三个维度来反馈，STAR 是帮助我们把一件事情讲具体、讲清楚的重要技巧。STAR 法则阐明了一个人在什么情况下做了什么？得到了什么样的结果，下面来做一个练习。

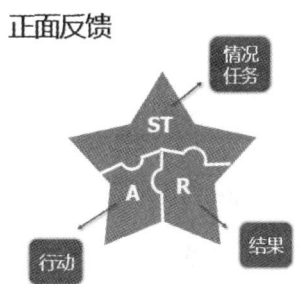

第一步：描述情况任务，上周我让你给大明眼镜公司做了一个培训规划，要求你五天交；

第二步：描述行动，你三天就完成了，而且深度调研了企业需求，提供了三个针对性很强的可选培训方案；

第三步：描述结果，方案无论格式、内容都非常好，企业领导看了非常满意，做得很好，下次继续哦。

这个例子就是用 STAR 法则正面反馈的例子，在用 STAR 法则叙述一件事情时，一定要确保三个要素都齐全，STAR是完整的。

正面反馈就是给予积极的反馈信息。下面来看一个正面反馈的案例。

【案例分析】正面反馈

王经理一直想要发展她的下属小宋在协助团队成员发展方面的能力，因此近期一直就此议题不断给予他辅导。

昨天王经理看到团队成员小高录微课时在一个技术问题上遇到了困难，小宋主动画出录屏操作的流程图帮助她快速理解，以便未来再遇到相同问题时可以自行解决。

如果你是王经理，你会怎么反馈呢？

A. 太棒了！做得真好！

B. 你教会了团队成员如何解决问题！

C. 昨天团队成员对你的帮助表示很满意。

D. 你昨天为了让团队成员掌握录微课的方法，主动画了流程图手把手地教他们。我觉得这对促进团队发展非常有意义。做得很好！

大家看一下，哪一个是符合情况/任务、行动、结果三要素的呢？

恭喜你，答对了，正确答案是D。

（二）STAR练习

下面来做一些练习，看看是否掌握了STAR法则：

第四章 教练式沟通

请看下面三个描述，属于ST（Situation/Task：情况/任务）、A（Action/行动）、R（Results/结果）中的哪一项？

题目1：下个月培训部即将举办一场大型的公益大讲堂培训。

答案：ST（情况/任务）

题目2：我觉得我在写作上有进步，这篇案例故事的逻辑结构和语言的流畅都比以前进步了许多。

答案：R（结果）

题目3：我尝试去了解新领导的管理方式及对团队的期待，发现他做事严谨，对于工作的标准比之前的领导要求更高，同时希望我们可以独立思考，自己提出解决方案，而非被动接受任务。我发现他的高标准能帮助我成长，我也试着与同事分享我的发现，更好完成部门任务。

答案：A（行动）

请看下面这个STAR是否完整？若不完整，是缺少了哪个部分？

题目1：李冰是培训部门新员工，今年因受到新冠肺炎疫情影响，线下培训无法开展，李冰根据公司整体状况迅速做出调整，保障了部门年度目标的实现。

答案：A（行动）

题目2：这周小王帮我优化PPT，还补充了很多非常有价值的内容。如果没有她的帮忙，我今天不可能在年度会议上顺利完成部门汇报。

答案：A（行动）

题目3：受新冠肺炎疫情影响，线下培训没法开展。部门成员非常着急，纷纷出主意想办法，加班加点开发新的培训项目。我们通过企业调研，了解到企业新需求，找到了线上培训的机会点。我向主管领导汇报了转型线上培训的建议，在领导的支持下开始尝试。最终整体培训场次提升了20%，顺利完成了上一季的培训任务。

答案：ST（情况/任务）

我们在给予正面反馈时，相比于只简单称赞做得好，如果反馈时能运用STAR法则，也就是指从情况/任务、行动、结果三个维度来反馈，而且更聚焦于辅导议题，久而久之就会帮助员工把这样好的行为变成习惯，让辅导有所成效。

当然，**大家要注意运用STAR法则，叙述一件事情的时候，一定要确保三个要素都齐全，STAR是完整的，这样才能达到良好的反馈预期。**

三、改进型反馈的 STAR-AR 法则

针对辅导议题给予员工正面反馈，有助于固化做得好的行为，

那么针对待改善的行为，又该如何给予改进型反馈呢？

（一）STAR法则

在面对他人不恰当的行为时，我们很容易把情绪夹杂在反馈中，这也就是为什么很多主管会认为给了负面反馈后，就相当于开启了一场新的战争，其实有这样的想法就已经走入了改进型反馈的误区，把情绪带入其中，情绪无法解决事情，无法协助行为的改善，我们之所以要反馈，是让员工在行为上有所提升，**那么就应该遵循对事不对人的原则，单纯地讲事情而非宣泄情绪**。

前面我们已经学习了如何用STAR法则给予正面反馈。在使用改进型反馈时，也应遵循STAR-AR法则，说明情况、行动和结果。

除此之外，改进型反馈更重要的是，让员工了解到如何调整原本不佳的行为？以及调整后可能会带来怎样的正面结果，这样员工才会知道应该朝着哪个方面去努力？让事情的结果变得更好。

请看下面案例：

ST（情况/任务）：孙浩，我看到你刚才在办公室对新员工玛丽摔文件。

A（行动）：你不耐烦地指责她："啥都不会，签个到都弄错，帮不了忙还添乱！"

R（结果）：你这样会让玛丽感受非常不好，也会让其他成员觉得你很难相处。

　　A(建议行动)：如果你可以澄清她的问题，并商量出解决方法。

　　R（可能的结果）：相信她会感激你的帮忙，并且会让团队更和谐。

采用STAR-AR模型反馈

ST 情况/任务	孙浩，我看到你刚才在办公室对新员工马丽摔文件。
A 行动	你不耐烦地指责她："啥都不会，签个到都弄错，帮不了忙还添乱！"
R 结果	你这样会让马丽的感受很不好，也会让其他团队成员觉得你很难相处。
A 建议行动	如果你可以澄清她的问题，并商量出解决方法。
R 可能的结果	相信她会感谢你的帮忙，并且会让团队更和谐。

（二）STAR练习

　　AA公司培训项目主管小刘和上级王经理一起去拜访了客户，在需求访谈过程中，小刘一心想推荐本部门的优势产品，不停地做介绍，导致客户插不上话。访谈过后，客户没有表现出很强的意愿，反倒有些不太愉快。

　　王经理认为小刘应该多倾听客户的想法，让客户在整个访谈中积极参与，请问她该怎么给小刘做辅导呢？

　　ST（情况/任务）：今天早上你去拜访新客户，该客户从未购买过我们的培训产品。

A（行动）：觉得机会来了，立刻建议对方购买我们新推出的培训课程，滔滔不绝。

R（结果）：过程中客户一直插不上话，感觉自己一直被逼着赶快做决定，心里很不舒服。

A（建议行动）：如果你在提供解决方案前，多花一点时间去挖掘客户的需求，并询问他的需求。

R（可能的结果）：他会觉得更有参与感，也能体会到我们对他的尊重。客户会更容易倾听和接受，也能让我们的解决方案更有针对性。

本章小结

1. 建立信任。

2. 有效聆听。

3. 深度聆听。

4. 有效提问。

5. 有效反馈。

第五章
团队管理

杰克·韦尔奇曾经说过一句话："在成为领导前，你的成功同自己的成长有关；在成为领导以后，你的成功都同别人的成长有关"。

韦尔奇的这句话说明企业的经营和发展只有优秀的领导是不够的，还需要培养和建设优秀的、高绩效的团队力量才能成就企业的经营目标。本章我们就来探讨如何打造一只高绩效团队。

什么是团队呢？下面通过一个亲身经历的故事给大家诠释一下团队的定义。

【案例分析】遭遇棕熊

2018年暑假，我们全家去美国游玩时偶遇一件事，让我对团队有了更深刻的理解。记得那天我们计划去美国著名的景点冰川国家公园游玩，素有"落基山脉上的皇冠"之称的冰川国家公园，以晶莹剔透的冰川、冰湖以及雪山和瀑布等美不胜收的湖光山色著称，之前做功课时就知道这个旅游胜地自然保护极好，有很多野生动物，偶尔会碰到"熊出没！"早晨上山的时候，公园停车场的工作人员也提醒我们："这个山上有时候会碰到黑熊和棕熊，要小心。"因为前几天游玩的景点也都有类似提醒，但没遇到熊，就没那么紧张。但大家还是听从工作人员的建议结伴行走。刚开始的时候大家还都比较警觉，虽然徒步道上经常会出现标识："熊出没地"的牌子和图片，但走了好几个小时，也没见到一根熊毛，人们就逐渐放松了戒备，偶尔有游客说拿望远镜看到了对面深山上的熊，大家也会兴奋地停下来用各种"神器"搜寻，但多数最终证明是看错了。况且即使对面山上有熊，离得那么远也没有危险，所以大家的精神就越来越懈怠，而且这么一折腾游客们似乎对"见到熊"有了更多期待，甚至还听到很多游客在拿"熊来了"做调侃。一天的爬行非常辛苦，经过四个多小时的徒步，我们终于爬上了格瑞内尔冰川顶峰，看到了美轮美奂"三湖一线"的大自然奇观。担心天色渐晚下山危险，稍事休息之后，我们就开始朝山下按照原路返回。回去的路上不同国度的游客显然都非常疲惫，急匆匆赶路，大家不像上山时那么兴奋，也没心情打招呼和开玩笑聊天了。在返回大概不到三分之一路程的时候，一群年轻的美国大学生追上了我们，孩子很喜欢他们，我们就跟着他们一起走，我先生在后面，孩子英文好，就窜到他们的队伍中，开心地边走边聊。突然，前面有个小伙子大喊："Bear！ Bear！ Bear！"刚开始大家还以为是谁又开玩笑，都没在意，继续往前走，"妈妈，前面有熊，快把手机给我，我拍照！"只见孩子特别兴奋地冲回来，还没等我反应过来，就把手机抢走了。我爱人追上来得知有熊，吓得赶紧去把孩子拽回来，然后紧张地告诉我，"真有熊啊，一个大熊，一个小熊！"孩子还拿照片给我看，虽然照得不太清楚，但的确是大熊啊，我的汗毛立马竖了起来，拉着孩子往后跑。在山下咨询时，有工作人员向我们推销驱熊喷雾，50美元一瓶，我先生觉得太贵了不值，就买了价位稍低的驱熊铃铛，但熊就在十几米开外，铃铛显然没有攻击力啊，我立马后悔先生省钱不要命了。后面的游客也听到了这个消息，都不知所措往后涌，山路很窄，前后游客拥挤，场面混乱，有人吓得尖叫起来。虽说一路上大家对"见到熊"都很期待，但谁也没人想这么近距离与熊"亲密接触"。这时候，前面的那群年轻人里有个穿红T恤的小伙子快速跑过来对游客们说："大家不要往前走了，保持安静，保持安静，不要惊扰到母熊，带小熊的母熊攻击性会更强，现在需要迅速统计一下有多少人有驱熊喷雾？请带驱熊喷雾的男士分隔开，首先保护小孩和女士！大家安静等待，我们几个在前面观察，等安全了再通知大家……"听到这个小伙子这样说，大家似乎都有了主心骨，纷纷安静下来，有序退后半英里等待。那几个年轻人分工协作，一个女生在后面安抚老年游客，两个男生去周围找木棍树枝做成临时武器，红衣小伙子带头，拿着树枝和驱熊喷雾，和三个男生在前面观察等待，随时准备保护大家，经过了四十多分钟的漫长等待，那个红衣小伙子来通知我们，"母熊已经下山了，大家快速离开这里吧！"大家松了一口气，由红衣小伙子和他的那几个朋友带队，小心翼翼地安静下山，路过"熊出没的地方"，孩子眼尖，指给我看，山下一英里外，那只母熊在和小熊嬉戏，这时候也没有人敢停留拍照了，都担心母熊再追上来，安静地飞快下山，直到走到下一个休息区，大家的紧张情绪才完全消散。早上上山用了两个多小时的路程下山只用了40多分钟。路上，孩子说："妈妈，那个美国小伙子真棒，他是英雄！他救了大家！"我也很感动，想着今天要不是遇到这群大学生不知道会发生什么事了。就这样，一群谋生国度的人在短暂的危险过后成为朋友，当我们和那群美国大学生致谢告别的时候，红衣小伙子对我们说："别客气，咱们是一个团队！"。下山以后的第一件事，我先生就在停车场买了一个驱熊喷雾。（虽然之后一直没派上用场）

从这个案例中，大家可以思考这么几个问题：

1. 一群来自不同国家的游客是团队吗？
2. 什么时候让我们这群游客成为团队，为什么？
3. 我们为什么需要团队？

从这个案例可以看出，事件开始，一群陌生国度的游客组成的人群不是团队，因为大家互不相识，没有共同目标，也没有凝聚力。但当大家面临"熊出没！"的挑战，齐心协力共度难关时大家就组成了一支有分工、有协作、有组织、有纪律，为了共同的目标去努力的团队。

团队是指为了实现共同目标而由相互协作的个体所组成的正式群体。团队存在的意义是合理利用每一个成员的优势和专长协同工作，解决问题，达到共同的目标。

团队有几个重要的构成要素：首先要有共同的目标，其次要有分工协作，最后大家要有一定的凝聚力。

第一节 设立团队的愿景与目标

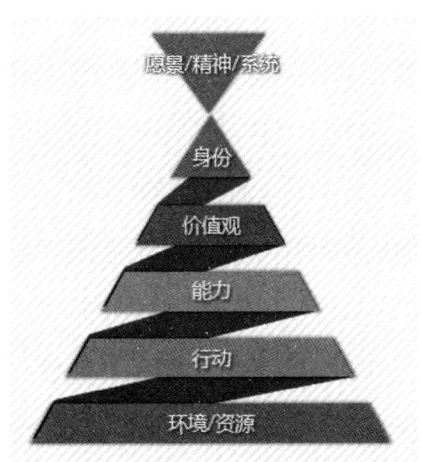

我们先来回顾一下第三章的逻辑层次,通过之前的学习我们了解到,逻辑层次的上三层决定下三层。最高一层就是愿景。对于一个团队来说,设立清晰的愿景是非常重要的,愿景就是清晰描绘出团队成员希望看到的未来成功画面,例如,经过大家的努力,五年之后的团队会是什么样子的?每个人都会成为什么样(身份)?每个人都希望为团队做出什么贡献从而实现自己的人生目标?

对新生代员工来说,除了设立愿景外,还要和他们一起去探索逻辑层次第三层价值观层面的内容，也就是为什么要实现这个愿景（成功画面），这个成功画面对团队个体意味着什么？为什么实现愿景非常重要？实现这个愿景对他个人以及对组织有什么意义？如果愿景的实现能关联到员工个人发展目标，他的工作动力会更强。

就像国家主席习近平给中国人民描绘的愿景，习近平主席说："何为中国梦？我以为，实现中华民族的伟大复兴，就是中华民族近代最伟大的中国梦。它体现了中华民族和中国人民的整体利益，它是每一个中华儿女的一种共同的期盼。"

"实现中国梦必须凝聚中国力量。这就是中国各族人民大团结的力量。中国梦是民族的梦，也是每个中国人的梦。"

习近平主席将非常抽象的"中国梦"关联到每一个个体，当我们听到习主席说："中国梦归根到底是人民的梦，必须紧紧依靠人民来实现，必须不断为人民造福。"每一个中国人都会热血沸腾，中国梦激发了每一个中国人对美好未来的向往与期许。

愿景不是团队管理者空想出来的，也不是团队管理者自己设定的，而是需要团队管理者引导团队成员一起去共创。我清晰地记得部门成立之初，我们召开了共创团队愿景的例会工作坊，当我问大家时，你希望企业大学未来成为什么样子？五年之后你希望自己有什么样的成长和改变？很多成员都描述了未来画面，当我们一起在白纸上描绘未来的美好画面的时候，大家都非常兴奋，有的人说："我希望以后咱们部门有自己的专车，上面还有专门的

LOGO"；有的人说："我希望咱们的培训满意度很高，咱们能收获很多学员的鲜花和掌声"；还有的人说："我希望咱们通过培训为企业创造价值，让他们挣很多很多的钱"；有人画了一栋大楼，说："以后咱们规模大了，一人一屋，一人一部门"；还有人添上了一条七彩彩虹，他说："我希望大家工作非常快乐，生活丰富多彩！"……憧憬未来，大家都非常兴奋，每个人脸上都洋溢着笑容，眼中有光，这就是愿景的力量。

今年，我带着大家回顾五年来走过的路，大家都还清晰地记得自己当初画了什么？看到当初很多愿景都实现了，还有部分虽然没有完全实现但已经在实现的路上，离当初设立的目标越来越近，当我们再次憧憬下一个五年的时候，大家对未来都充满了信心与希望。

引导团队成员共创愿景，可以采用工作坊的形式，准备一盒不同颜色的彩笔、一张大白纸（可以有多张备用）、几沓即时贴。首先建立亲和，然后让大家头脑风暴，每人用即时贴想象一下团队未来成功画面（可以是三五年，也可以是更长的时间），之后让每一个人拿彩笔在同一张大白纸上画出她想象的画面，绘画水平和技巧可以忽略，关键是每个人都参与，而且能解读自己画的是什么？为什么这么画？在团队共创愿景画面的过程中，大家不仅能融洽关系、增强凝聚力，还能达成深度共识，从团队愿景中汲取强大的力量。很多公司的愿景、使命、价值观没有人能背出来，说出来，像是挂在墙上的"黑白照片"，都是给别人看的，主要原因就是愿景、使命、价值观都是企业领导制定出来的，员工没有参与共创，更没有和员工达成深度共识，大家当然就没有印象。

确立了团队愿景，接下来，我们可以按照逻辑层次从上往下顺序提问。

能力层：假如要实现团队愿景，需要我们具备什么样的能力？

行动层：假如要具备实现愿景的能力，我们在哪些地方需要提高和改善？

环境层：我们需要什么资源？获得什么支持？

落实到行动：假如明天就开始，你第一步要做的是什么？

这样就引导每个人做出了第一步的行动计划。

通过设立愿景，能够引导团队确立每个人的目标，让团队充满目标感。进化心理学的研究表明，目标感是人类发自内心的一种自我驱使的力量。如果擅于应用，就可以绽放出非常大的能量。

在制定团队目标及每个个体目标的时候，非常重要的一点是要让大家对团队目标达成共识，明确目标的意义与价值。尤其是对"90后""95后"等新生代员工，引导他们明确目标价值，获取目标共识，比任务本身更重要。只有将组织目标和个体目标相关联，大家才会更有工作动力。

第五章　团队管理

【案例分析】打土豪、分田地

"打土豪分田地",是中国共产党领导的中国工农红军在土地革命战争时期提出的主要宣传口号之一。八七会议后,中共将"打土豪、分田地"确立为土地革命的核心内容。

相比孙中山先生提出的口号"天下为公",哪一个对穷苦的老百姓更具吸引力和动力呢?"天下为公"并没有关联到穷苦人民的自身利益,而"打土豪、分田地",非常明确了打土豪的目的是分田地,田地之前一直是地主的,正是因为不拥有土地,农民才长期受压迫和剥削,所以"分田地"是当时每个穷苦人民梦寐以求的,当然就更有动力。这就不难解释为什么中国共产党领导下的这场伟大的群众运动,吹响了反封建的号角,革了苏区地域内半殖民地半封建社会的经济关系、政治制度、思想文化、社会结构和法律的命,带来了苏区社会翻天覆地的变化。

在达成目标共识,落实到每个人的工作任务时,要给新生代员工更多的选择,提供适度的自由空间。比如可以问:"你看这件事怎么做比较好呢?"获取项目承诺:"大体怎么干可以达到效果呢?"通过员工对任务设想的描述,管理者不仅可以察觉补漏、发现问题,防住边线,还可以引导员工自己做出工作承诺,主动参与,将目标落实到行动层。

另外,管理者还可以继续发问:"你需要我(组织)提供什么样的支持呢?"在逻辑层次的资源层,给予员工相应的指导、帮助和支持。

第二节　培养良好的团队文化

团队文化是企业文化的一部分,它既归属于企业文化,又具有每个团队的独特特征。管理者要用心去设计和培育团队文化。文化的目的是为实现组织的目的和目标服务的。文化要落到实处,细到行为,形成瀑布式传播,直到每个员工都能做到,让文化成为员工价值观取舍的标准。在一个良性文化氛围中,大家的行为都会积极向善,变得越来越趋同。

影响人的方式有很多,很多企业经常会用评优和树立劳模来影响人。同样是人影响人,组织文化影响和通过学习劳模影响人的区别是什么呢?组织树立劳模做典型示范,是通过劳模一个人影响更多人。而组织文化则是多数人影响少数人的行为。当团队大多数人都心照不宣地执行某个规则的时候(这个规则不一定是明文规定的),少数人也会受到影响。例如,我有个朋友在刚进入一个知名的外企的时候,发现这个外企有加班文化,下班时间到了,他发现没有人下班,都下班两个小时了很多人还在认真工作,这样他想按时下班也不好意思,心有顾虑,担心被别人议论,久而久之也就习惯自动延迟下班了。

从前面的例子可以看出，文化不是强制人们去遵守各种硬性的规章制度和纪律，而是强调文化上的"认同"，强调人的自主意识和主动性，通过启发人的自觉意识达到自控和自律。当然，非强制性中也包含有某种"强制"，即软性的约束，对于少数人来讲，一种主流文化一旦发挥作用，即使他们并未产生认同或共识，也同样受主流文化氛围、风俗、习惯等非正式规则的约束，违背主流文化和言行是会受到舆论谴责或者制度惩罚的。当多数人能够去影响少数人的时候，团队文化就建立起来了。所以作为团队的领导者，希望建设什么样的团队文化，就要鼓励什么样的行为，引导员工向前看，少问"为什么"多问"怎么办"学会正向激励，赞美员工和团队价值观吻合的行为，这样一来，员工就知道什么行为是团队倡导的，什么行为是团队反对的，部门文化就逐渐形成了。

目前"90后""95后"已经成为职场的主力军，他们成长于互联网信息爆炸时代，也赶上了中国改革发展的红利。他们中大多是独生子女，在相对自由的环境中，依托优质的教育体系，结合家庭资源毫无保留的倾斜，以及中国高速增长的GDP，使他们拥有更好的物质生活，享有更高的受教育程度，具有更高的自由追求与更强的自我意识。

2018年，"00后"也进入职场，可以说，相较于"80后"与部分"90后"，"00后"具有更为稳固的"退路"，这一方面是来自物质丰裕，另一方面则是由于人口下降导致的内卷热潮减退。因此，

"00后"相较于"90后",拥有更宽松的竞争环境与更低的物质欲望,企业则更难对其物质捆绑和约束。

时代变了,环境变了,我们管理的对象变了,如果管理者还用传统的方式对新生代员工进行宣讲、教育、教化,就很难打动他们。

【案例分析】员工离职事件

前几天,有个朋友告诉我,她去年新进了一个专业能力很强的"90后"员工,不到三个月就走了。离职原因是公司的流程比较烦琐,员工入职两个多月还没拿到匹配的办公电脑,加之对企业官僚文化的不适应,这个员工一怒之下就辞职了。还有个企业家告诉我,他新招聘了两个秘书:一个因为早上不愿意早起上班,刚干了没一个月就辞职了;另一个因为对单位食堂不满,写改进方案未被采用也愤而辞职。这让企业家感到非常困惑和苦恼。他说,我都不知道这些年轻人在想什么?他们到底有什么需求?他们为什么而工作?

是新生代懒,新生代不拼吗?

【案例分析】最美"90后"

2020年,当我们遭遇百年难遇的新冠肺炎疫情,在武汉抗击疫情的过程中,在医护人员前仆后继请愿上前线的人群中,我们看到了太多"90后"的身影;他们明知前路危险难测,仍义无反顾选择逆行。在这场没有硝烟的战役里，他们不计报酬，无论生死，舍小家为大家，冲锋在一线。我在走访企业的过程中，也听到很多企业领导给我说，他们单位的"90后"特别棒，有新想法、新创意、勇于付出、敢于拼搏；我身边也有很多非常出色的"85后""90后"年轻人，他们能吃苦，不计报酬，任劳任怨……

每一代人都有每一代人的特点，而每一代人，也都会为职场带去不一样的变化。

我们如何去让新生代员工接受和认同我们的企业文化？

首先，管理者要转变思维方式，要变文化教化为文化感知。

新生代员工崇尚自由，不畏权威，喜欢挑战性任务，针对"90后"，企业文化的重点在文化培育，氛围培育，原来的那种家长式教育、填鸭式培训对"90后"并不适用，因为他们要求保持思想空间的最大自由。新生代员工有自己的思想和辨别力，"行胜于言"，管理者要用更多身边的真实生动的实例和以身示范去感化他们。

企业要拥抱"新生代"，先要从理念上放弃教化他们、改变他们的想法，相反，管理者要去了解新生代，了解他们的语言，他们的所思、所想，要吸引"90后"由被动接受企业文化变为主动融入企业文化，让他们更多去体验，培育他们去慢慢发现企业文化中的可贵之处以及与他们价值追求一致性的地方。

【案例分析】"90后"的入党申请书

有个在国企做电商的企业党委书记特别高兴地给我说,他们公司在"双11"之后十几个新员工都交了入党申请书,而且是自觉自愿交的。我利用企业调研的机会就顺便问了一个这样的新员工,"你为什么想入党啊?"她非常单纯地回答:"我看到我们公司党员都非常拼,也非常优秀,我喜欢他们那样,也愿意加入他们所在的优秀组织!"看,这就是企业文化的力量,当整个企业都是拼搏奉献的氛围的时候,自然会吸引和影响到更多这样追求进步的人。

事实的背后是:这个被誉为"国企中的外企"的企业基层党建工作做得非常好,党支部书记非常奉献也特别有亲和力,思想政治工作水平高,员工在工作生活上有什么急事、难事都愿意找到她,党支部书记也会尽力解决,为员工排忧解难。她说他们公司的"90后"党员特别多,"双11"前,不计报酬,都没日没夜为公司加班做奉献,起到了非常好的模范带头作用。所以去年,他们创造了100多亿元的销售额。

其次,要用提供学习成长平台来筑基企业文化。

从2021年5月某知名招聘平台对"95后"职场人经济独立情况调查报告显示,"95后"在获得家庭经济支持之后的支出分布,除了位列第一的租房/买房和位列第二的还贷支出,第三项支出就是继续深造的学费,体现出"95后"较高的求知欲望和学习需求。

这也说明,"95后"职场主力军可能会拒绝文化灌输,但不会拒绝自我成长,因为他们知道只有成长得足够大,能力足够强,才能更多地拥有自我和可选择的自由。

这两年,我在去参加一些国外认证的价格不菲的外部培训的过程中,也惊奇地发现很多"90后"都是自费来参加培训的,而且经常是三五个同事扎堆一起来,他们觉得培训有价值就参加,似乎丝毫不介意培训的价格。如当前流行的教练技术、4D领导力,各种职业认证,主流人群都是"85后""90后"。企业可以利用这些年轻人的成长欲望,为他们提供成长平台,例如,通过学习型组织的建设,提供更多的培训机会、更多的创新机会,很多企业的例会都可以由员工来自行设计和组织,年轻人也乐在其中,让新生代员工的成长和企业文化的成长相匹配,吸引年轻一代融入企业文化。

【案例分析】学习型组织

我们培训过的一个老字号企业这几年一直在致力于学习型组织的建设,采用多种方式引导党员领导干部和员工参与学习,不断成长!

1.他们每年会针对企业调研中查找到的实际工作中的问题,做分层分类的培训;

2.企业购买了樊登读书会企业版账号,鼓励员工通过"一书一课"多读书、读好书,养成阅读习惯,每季度对学习积分排名前十位的员工给予即时奖励;

3.要求党员参与"学习强国"APP每日学习,对每年度积分排名前十位的党员给予奖励;

4.使用企业公众号向全员推送党史学习教育、安全知识教育培训,号召全员学习;

5.使用智慧党建平台做学习信息推送,每月推送党小组学习内容,使用企业云学院做全员线上培训;

6.企业经常会挑选专业书籍要求管理人员和党员阅读并带领员工学习;

7.企业鼓励参加技能大赛,对每个赛程晋级的选手给予奖励,对在决赛中取得前十名的重奖。

经过几年的坚持,企业形成了良好的学习风气和氛围,爱读书、爱学习、乐阅读的人越来越多;企业员工及店长在北京市及全国技能大赛中获奖选手逐年增多;企业的知名度和名誉度不断攀升;员工专业能力的提升也为企业的销售额和利润带来了可见的正向的增长。

今年,企业计划定期开展围绕一本书或学习主题的读书会活动,通过这些活动,吸引更多的员工加入"爱读书、爱学习"的队伍中,与企业同学习,共成长!

最后,通过新媒体手段及工具夯实企业文化。

随着信息技术的不断发展,以互联网、移动通讯为主要载体的新媒体快速崛起。"90后"是伴随互联网成长的一代,是互联网原住民，除了宅在家里看电视外，他们童年最大的爱好就是打游戏。对于"90后"来说，手机是他们生活中不可分割的一部分，就像他们的一个器官。互联网是工具，更是生活。互联网让"90后"看到了更大的世界、更多的机会和可能。对他们来说，互联网就像空气一样，无处不在。

在互联网时代，企业如何针对新一代员工的特点，用新媒体的工具来推广和共创企业文化，是管理者需要研究的新课题。以网站、微信小程序、微博、APP公众号等为代表的新媒体的快速发展，丰富了企业文化建设的手段和形式，为企业文化的建设提供了更丰富的载体、更加灵活的形式、更加有效的传播，深受年轻员工的欢迎。新媒体的交融互动性，可以充分发挥年轻一代员工的参与性和创造性，集思广益、智慧共创。在丰富文化建设的内容和形式的同时，使文化建设与时俱进、不断创新、充满活力。但是，新媒体的开放性、互动性与不可控性，又使传播的内容过于多元化，有可能出现不和谐的杂音、噪音，对企业文化产生不良的影响。

新媒体是一把"双刃剑"。企业用好了新媒体，可以发挥影响力；用不好，就会产生杀伤力。"90后"爱天马行空，但也乐意接受新知；特立独行，但更具备创新开拓的意识。因此，在了解"90后"的时代人物性格特征后，管理者要充分认识、深入挖掘、科学运用新媒体对于企业文化的影响力、推动力，抓住年轻人中的关键群体，用他们的智慧及意见领袖的力量去推动新媒体建设。

加强对新媒体平台维护管理，及时更新内容，用新鲜的资讯吸引眼球；认真回应互动，倾听员工呼声；时刻关注舆情，未雨绸缪，因势利导，切实发挥好新媒体在企业文化建设中的重要作用。

另外，通过一些小的管理技巧与手段来辅助企业文化的实现，也是必要的。通过培训及户外拓展给干部员工创造非正式场合零距离沟通的机会，增强凝聚力和团队合作意识；通过为员工提供展示机会来发挥大家的才能；通过提供发展机会来鼓励员工创新。这些都可以让企业文化如春风化雨，润物细无声，潜移默化地被员工吸收和认同。

【案例分析】学员才艺展示

2017年，我们在给某企业做新员工培训的时候发现当期的学员都是"95后"，而且非常多才多艺，于是就想在五天培训的最后一天设计一个学员才艺展示环节，在征询学员意见达成简单共识后，我就兴奋地给企业党办主任（也是培训对接人）描述我们的规划设计，没想到她非常抵制，觉得没必要浪费时间，而且担心这个活动突破常规，领导有可能不认可，最后在我的坚持下她同意给领导转达，后来反馈说："企业领导尊重我们，但希望尽量缩短展示的时间，好给领导讲话留出时间"。于是我们就按计划实施。前四天培训期间，学员们每天晚上都自愿留下来排练到9点，为最后的展示做精心的准备。我记得展示当天，企业领导班子都来了，学员们精彩纷呈的演出让领导们刮目相看。展示过程中，台下的领导们非常高兴地交流和讨论如何根据学员的不同特点，给他们匹配相应的岗位。我记得当时有个女孩带领女生们自编自演了一个集体舞，舞蹈水平堪比专业演员。她的独唱也很精彩，独唱的背景视频是她在校期间拍摄的一些摄影作品，经班主任老师精心剪辑，配上她独特的嗓音和优美的歌声，让人印象深刻。后来这个女孩被分配到企业工会做她自己喜欢的工作，发展得非常好。她也非常感谢我们的那次培训设计，让领导看到了她的才华。后来办公室主任给我说，特别感谢我们给这批新员工做了这个展示设计，一方面让企业更了解新员工的兴趣和特长，另一方面也通过这样的交流互动让每个新员工都找到了适合自己的岗位。我们再给这个企业组织培训，学员展示环节就成为企业领导点名的常规项目，也成为企业考察和甄选人才的手段。

【案例分析】高管讲堂

很多企业培训中设计了高管讲堂，首先，可以让高管通过这个平台做企业战略解读，传播组织经验，但更重要的意义是通过企业培训这个平台，企业领导可以传播企业的理念、价值观和企业文化，将企业文化潜移默化植入人心。其次，通过高管讲堂，高管可以和员工近距离接触，互动交流，了解到员工的诉求和想法等一线的信息。另外，还可以通过平台让劳模、企业高技能人才讲自己的成长故事，激励年轻员工更好成长。从实践来看，越来越多的高管走上讲台，喜欢上了与员工近距离交流的形式。

【案例分析】母婴室

某企业考虑到很多哺乳期的女职工家离公司较远，中午不能回家，吸奶不方便，就考虑建立一个母婴室。企业党委书记把这个重任交给了3个"90后"，这三个女孩非常用心，精心设计，巧妙布置，用最低的成本和一星期的时间自己动手装饰好一个温馨实用的母婴休息室，而且还可以通过小程序提前预约，精细化管理。这些得到了女职工和领导的一致点赞，在这个过程中，她们也体会和理解了企业人性化的良苦用心。之后更积极地参与到企业工会活动的设计过程中。

从以上可以看出，多种方式巧搭台、新媒体手段多应用、企业文化唱大戏，企业文化的建设一定会在新时期发挥新动能。

第三节　选择大于培养

选择大于培养，好过培养！管理者必须对选人在思维上引起足够重视，缺少人不会让公司出问题，但招错人可能会让公司万劫不复。因此，选对人很重要，与其找个错误的人劳心劳力做不可控的培养，还不如精挑细选正确的人直接上岗。

很多管理者都觉得选人和自己没有关系，是人力资源部的事情,就把招聘任务全权交给人力资源部,人力资源部不了解用人部门实际工作要求,只能主观预测或碰运气,所以很难招聘到理想的人才。实际上,在企业里,最了解理想人才标准的是用人部门的直线经理。因此,用人部门管理者只有意识到选人是部门经理的重要职责,而不单纯是人力资源部的职责,才能更好地与人力资源部配合,招聘到理想的人才。

企业招聘是双向选择,也是一场营销,对企业来说,一方面要通过招聘识别到理想的人才;另一方面还得营销企业、营销部门,吸引优秀的人才选择企业。除了人力资源部的第一道审核外,现在很多企业都把招聘权利下放给用人部门,或者先由人力资源部按照基本条件对求职者做初步筛选,然后由用人部门和人力资源部共同面试,降低人才雇佣不当风险。但要想在招聘的前半场招到合适的人才,还需要一些精心准备。例如,简洁的公司介绍、清晰的岗位描述、科学完整的岗位说明书、基本的能力素质模型、评估的甄选工具,这些都是挑选合格人才的关键信息和手段。此外,除了工资和薪酬之外,还需要精心梳理企业和部门的愿景、文化和价值观,这些也是吸引招聘者不可或缺的条件。

具体来说,要想招聘到合适的人,一般要做好以下工作。

一、清晰地描述岗位需求

应聘部门需要清晰描述用人需求,这样便于人力资源部选择合适的渠道去投放招聘信息。用人需求包括基本条件、专业要求及特殊岗位要求。需求描述应尽量遵循SMART原则，可衡量，这样才便于人力资源部筛选。对于难以量化的定性需求，需要通过后期面试去评估。我们来看看以下的招聘启事。

【案例分析】招聘启事

【国企招聘】某某有限公司

【岗位名称】培训策划经理岗位

【工作内容】

1.协助搭建公司管理干部培养体系，构建管理干部学习发展地图；

2.根据公司战略及业务重点，诊断业务需求，设计公司中基层（新任/在任/后备）管理干部学习项目设计方案，组织协调资源，规划并实施，跟进，检核；

3.拓展培训渠道和培训资源，准确甄别既符合公司培训需求又质量高的内外部培训资源；

4.把控学习项目实施进展及效果，制定和完善培训考评标准及培训效果评估的跟踪反馈，通过项目复盘，运用多种培训运营形式，不断优化迭代学习项目。

5.领导力培训课程研发与授课。

【岗位要求】

1.统招本科以上学历，至少5年以上大型企业培训工作经验；

2.以客户为中心，具备营销思维、问题解决能力、逻辑严谨、抗压力强，具有良好的学习能力、沟通能力、组织协调能力，熟悉培训项目设计流程，掌握培训项目开发工作，能独立承担管理类、通用素质类培训项目的策划、组织、实施、评估与优化；

4.具有授课、课程开发、经验萃取经验，曾独立开发1门以上课程，经过培训师TTT认证，独立负责2个以上项目的策划，实施，并有较完善的方法论；

5.具备团队引导、教练技术的优先考虑；

6.具有相关大型企业、国有企业、咨询行业工作背景优先考虑。

从上面的招聘启事可以看出，量化的内容比较好衡量，如【岗位要求】中的1、4项，有相关的证件证明或者依据就可以。但非量化的定性指标比较难衡量，如第2项，必须通过面试做深入访谈或者试用期关键任务考察来测试。

二、选择招聘渠道

要想招聘到优秀的人才，最好将招聘工作前移。很多企业都是临到招聘季才去招人，结果发现很多优秀人才早就有了心仪的企业。

招聘前要认真分析准确来源，可以通过分析"校招地图"来选择合适的学校；也可以通过空中宣讲会、视频会面试；也可以通过知乎账号定期推送文章，建立长期运营的微信群，由专人负责持续跟进；可以激活企业员工的人脉，通过发放内推码由内部员工背书去招聘，将学生流转化为社交属性；还可以通过新媒体转化流量。例如，贝壳招聘会将职业机会产品化，包装岗位，将雇主品牌内容化，通过微信图文、H5、PPT报告、职业分析、员工故事，对不同人群投放精准、有价值信息。

【案例分析】招聘前移，效果倍增

我们在给集团所属企业培训的时候，发现有个企业虽然不具备工资薪金优势，但招聘到的人才却既能干又能吃苦耐劳，而且还对企业非常忠诚。我很好奇，就请教当时企业的人力资源部长，他说，他们在学生大二大三的时候就去考察，对意向的目标学生会给予参观实践、实习机会，还可以参与工会活动，更多了解企业。而且他们会通过大学班主任和任课老师去了解这个学生的家庭状况，选择家庭境况一般、能吃苦的孩子，还会对学生的价值观是否符合企业文化等进行较深入的考察，所以到学生大四的时候他们就较容易选到匹配企业岗位的学生。

招聘是个双向选择的过程。招聘水平高的企业都会提前一至两年去与应聘种子选手建立链接，到求职大学生的学校去做讲座，不断向他们宣传企业信息及企业文化，甚至提供接触了解及实习机会，提前签订意向协议。这样，一方面企业可以通过实习更全面地去了解求职者，让其熟悉岗位要求；另一方面，对求职者来说，也倾向于选择对自己关注、熟悉。并认可自己的公司。

> **【案例分析】优客工场的创业讲座**
>
> 优客工场（北京）创业投资有限公司为很多中小微企业和高校搭建平台，让在校生能零距离接触真实的创业者，听他们讲自己的创新创业故事。对学校的在校生来说，可以通过这些讲座了解社会，了解真实的创业情况，少走弯路，学会很多创新创业的方法；对中小微企业投资者和创始人来说，他们也可以通过自己创业故事的宣讲，传播企业的价值观、理念和企业文化，吸引到有相似价值观或认同企业价值观的学生来加入，减少新员工入职的不适配风险，实现双赢。

三、确定试用环节考核指标

考核的依据就是标准，没有明确的标准，考核也就难免流于形式。所以需要科学制定考核指标体系。用人部门最清楚岗位要求，所以这个工作应该以用人部门为主，人力资源部协同完成。

四、提前设定任务的试用期和典型任务

试用期是一个考核的重要机会。很多应聘部门不重视试用期，

应聘者来了以后无所事事，时间很快就混过去了，等到新人入职之后，才发现这个人存在各种各样的问题，结果为时已晚。很多国有企事业单位，退出门槛很高，人选不当，就会给所在公司及单位带来很多麻烦和风险。

对应聘者试用期的考核要通过各种典型任务，尤其是各种挑战性的任务，所以需要直线经理用心设计应聘者在试用期内的工作任务，全面考核考验其是否胜任岗位要求。通过典型的挑战性工作任务，来验证其真实情况，包括能力和存在问题，这样再综合权衡这个人是否适合和匹配岗位要求。

五、招聘人员的专业性

招聘人员的专业性影响到面试质量。一个高水平的招聘团队可以从方方面面考核各方面信息。据说阿里巴巴公司在最终面试的时候，会召集包括用人部门和相关的多个岗位的部门经理联合面试，这样大家会从不同视角问求职者各种问题，共同考核价值观、理念、知识、技能、复杂问题处理及创新等多方面的能力，有效提高招聘的质量。

六、测评工具的使用

招聘工具能辅助 HR 在招聘时通过一系列科学的手段和方法对人的基本素质及其绩效进行测量和评定，能帮助 HR 和用人部门对被试者加以了解，从而为企业选择合适的应聘人选，系统地降低错误雇佣为用人单位带来的风险。

目前市面上流行的招聘工具及招聘软件种类很多，可根据岗位和求职者实际情况选择。常用的招聘工具有面试、笔试（包括知识考试和心理测评）、情境模拟考试、公文筐和评价中心。前三种对应聘基层岗位的求职者比较适合，尤其是现在比较流行的情境模拟，可以通过编制与求职者岗位实际工作相似的题目，在一个模拟、近似逼真的环境中测试求职者可能存在的各种问题。

七、背景调查

背景调查主要调查求职者的工作履历及履职表现。一般要核实求职者履历基本信息的真实性、离职跳槽的真实原因、劳动关系情况、是否有劳动争议、是否签订竞业限制协议、是否有违纪违规现象；履职表现主要是去了解求职者之前单位的上下级及同事的评价，求职者主要工作职责及完成情况、工作能力情况以及他的优势和劣势等。

八、倾斜政策

对于岗位急需的人才，用人部门可以协同人力资源部和企业高层提前商量制定倾斜政策，以便用人单位能够以更高薪酬或者福利待遇招聘到岗位所需的高水平人才。例如，有些企业为了引进人才，会帮助求职者解决所在城市户口及给家属找工作、解决孩子入托上学等问题，来解决人才的后顾之忧，从而吸引人才加入。

九、作为人力资源的考核指标

大多数企业对人力资源的考核仅限于招聘数量。人力资源部只管推送招聘信息，并不关注用人部门的实际应聘录用率及求职者质量。大量不合格的筛选不仅会耗用人部门的时间和精力，而且也会增加企业的成本。如果将实际录用率作为评价指标设定到企业对人力资源的考核指标体系中，那么人力资源部对人才的筛选会更加严格，招聘质量自然会提高。

从以上可以看出，很多招聘工作人力资源部都不能独立完成，大多数都由用人部门和人力资源部协作完成。作为基层管理者，必须将人员招聘提到最重要的议事日程，选人（招聘）不单纯是人力资源部的事情，而是每一个直线经理的重要工作。只有我们给人力资源部清晰的员工画像，人力资源部才可能给我们招聘到符合要求的准员工。只有我们和人力资源部共同合作筛选，我们才可能招聘到理想的人才。要做到这些，首先我们要想清楚我们要招什么样的人？清晰自己头脑中员工的选聘标准。

员工的选聘标准就是通常说的员工画像，理想的员工是什么样子的？理想员工需要具备什么基本能力？管理者要明确理想员工的招聘标准,找到标准的核心关键词,去除重复的,来匹配符合岗位要求。非常关键的一点是:管理者要了解本公司企业文化,清楚企业的价值观和价值导向。选择与企业价值观一致且价值理念趋同的人。国有企业强调德才兼备,以德为先,说的也是同样的道理。合适的是最好的,优秀的人才不一定适合所有的企业。我记得很多年前听惠普前高管高建华先生的讲座,他曾经说,有段时间他离开惠普去了苹果,但因为不适应苹果的创新文化,后来又回到了惠普。

要了解价值观,在招聘面试的时候就不能只是问问个人信息等简单的问题,而是需要通过聆听求职者过去的经验和经历来挖掘他背后的价值观和处事方式。不要问假设性问题,要问过去的真实经历,通过设定不同情景提问来了解。

【招聘问题示例】:

1. 你过去给自己设定的一个重要目标是什么?为实现这个目标你都做了什么?

2. 你在上一份工作中做了什么来确保你的计划对公司都是有效的。

3. 你是否因为工作职责的重负而感到失去信心?请给出一个实例。

4. 工作中,你和客户、同事之间压力最大的是哪些方面的问题?请给出一个实例,说明你的行动和反应。

5. 工作中你是否面对道德观或价值观的冲突,你的反应如何?请给出一个实例。

6. 当你处于一个新的或者不熟悉的环境,你会怎样做?请给出一个实例。

7.你在工作中是否经历过某些冲突，你的反应如何？举例阐明你是如何处理冲突的优先权？

8.当其他人都不同意你的意见的时候，你将如何使用沟通技巧来说服其他人同意你的观点。

9.你工作中压力最大的是哪一方面？为什么？你是如何应对的？

10.举一个能体现你应变能力的例子，你当时是怎么做的？

……

管理者可以通过前面的这些问题来了解应聘对象的过去经历以及他的行为处事方式，来简单筛选求职者是否符合欲加入企业的价值观和文化导向。当然更深入的筛选需要通过试用期给予应聘者工作任务或者艰难挑战，来看看这个应聘者在面对压力的时候创新能力、问题处理能力、专业能力如何？另外，还要考察这个应聘者和团队的融合度等其他问题。

第四节　用人所长，知人善任

德鲁克在《卓有成效的管理者》一书中指出，有效的管理者在择人填补空位和升迁时，总是以一个人"能做好什么"为基础，因此，在做人事决策时，不在于比较谁的缺点最小，而在于比较谁的优点最大。

中层管理者要知道，要"因岗选人"，而不是"因人设岗"。

第五章 团队管理

中基层管理者在面临业务压力、人手短缺的时候，有时候就会"饥不择食"随便招聘一个人来填补岗位空缺，或者从其他岗位调换一个人来补充，如果没有非常清楚地了解岗位要求的专业能力，匹配到一个不合适的人，那就会给管理者和团队带来无穷无尽的麻烦和风险。

在企业调研的时候，我们发现很多的管理问题都是由于"因人设岗"导致的，选择一个"合得来"的人和选择一个"符合职位要求"的人，是不同的概念，如果"合得来"的人不能胜任岗位要求，那就会让管理者处于非常尴尬的境地。当然，管理者还可以对员工培训和培养，但每个人的天赋秉性是有差别的，姑且不说不是所有人都能培养出来，换句话说，即使不胜任者能培养出来，也要比培养胜任者花费更多精力与成本，造成组织资源的浪费。

用人所长的前提是管理者要非常了解员工，了解每个员工的长处和短处、性格特点、态度和动机。

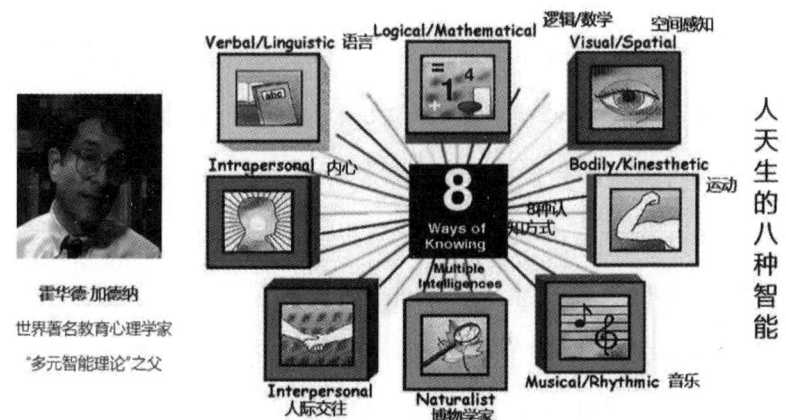

美国当代著名心理学家和教育学家加德纳于1983年提出多元智能理论，并在以后的时间多次加以发展。该理论认为，智能是解决某一问题或创造某种产品的能力，而这一问题或这种产品在某一特定文化或特定环境中是被认为有价值的。从其基本结构来说，智能是多元的，每个人身上至少存在八项智能，即语言智能、数理逻辑智能、音乐智能、空间智能、身体运动智能、人际交往智能、自我认识智能、认识自然的智能。加德纳的多元智能理论大大地拓展了人类智力的内涵，受到了人们的广泛认同，自20世纪80年代中期以来风行全球，在世界各地产生了越来越大的影响。加德纳将智力定义为："智力是在某种社会或文化环境的价值标准下，个体用以解决自己遇到的真正难题或生产及创造出有效产品所需要的能力。"加德纳的这一定义，特别强调了智力是个体解决实际问题或生产及创造出社会需要的产品的能力。这就是说，智力并不是像传统的智力定义那样以语言能力和抽象逻辑思维能力为核心和衡量水平高低的标准，而是以能否解决现实生活中的实际问题或生产及创造出社会需要的产品的能力为核心和衡量水平高低的标准，即智力一方面是解决实际问题的能力，另一方面还是生产及创造出社会需要的产品的能力。

从多元智能理论来看，每个员工都具有自己的天然禀赋，即多元智能。身为管理者，就是要挖掘出员工的天然禀赋，匹配适合的岗位要求，让他把优势发挥到最大，而不是让他在不擅长的岗位上无休无止地做下去。尤其对新生代员工，如果他对所做的工作不感兴趣，那有可能会频繁跳槽，导致企业的资源浪费和损失。

【案例分析】放错的"宝藏"

有个企业领导给我讲过这样一个例子，前两年他部门有个员工让他很伤脑筋。那个员工毕业于名牌大学艺术专业，声音具有天然禀赋，非常有才华。单位年底演出做视频需要配音，让他录一段稿子。为了录出干净清晰的效果，他能熬夜到夜深人静时，蒙着被子录20多遍四个多小时直到录到最好的效果，对专业的坚守非常让领导感动。但对本职工作（与他专业非相关），他却眼高手低，工作意愿低，还老讲究性价比，不好好干。因为公司没有那么多他擅长的工作，所以后来这个男孩没干两年就跳槽了。

这个男孩实际上是"放错了地方的宝藏"，如果找到了适合他的工作，如相关专业领域，相信他一定能迸发出超常的能量。这也提醒管理者，我们进人的时候，不能只看学历等基础条件，还要看这个人的兴趣，专业是不是岗位所需要的特长？他是否对这个岗位感兴趣，能够为岗位创造绩效？要"因岗设人"而不是"因人设岗"，我们要非常客观地根据岗位的要求来匹配员工，而不是根据员工的特长来为他设立岗位，否则的话就会出现上述案例中的情况。

【案例分析】要"专业"更要"热爱"

我们部门三年前招聘的时候，亟需一个摄影和做培训视频的老师，但因为部门摄影工作量没那么大，需要这个老师也能兼顾做培训班主任，是一个以做视频为主但也需要组织培训的岗位。当时人力资源部给我推荐了一个"90后"男生，他各方面条件都不错。从他带来的作品来看，摄影和做视频的技术水平很高，已经远远超出了我们部门的岗位要求。而且他还有两年的工作经历，入职后不需培训就能上岗，是个不可多得的人才。但我在后来面试访谈的时候，问了他一个问题："你是否喜欢和热爱培训工作？"他支支吾吾，非常犹豫，后来说，他喜欢在学校工作，也自信有能力胜任应聘岗位，但内心真的对培训不感兴趣，更谈不上热爱，他就喜欢摄影。我非常欣赏他的专业能力以及他的忠厚诚实，就给他推荐到了学校的信息资源中心，专门做摄影摄制工作。后来证明他非常热爱现在的摄影工作，干得非常开心，他的部门主任对他也高度认可。

上面两个例子都说明，我们选人的时候，不能情绪化，要非常理性和客观，不能因为喜欢这个人，或者这个人基础条件好就选他，而是要依据岗位的要求，看看岗位是否需要这样的人才，他能给岗位带来什么样的贡献来选择。德鲁克在《卓有成效的管理者》一书中也强调：**职位必须是客观的，也就是说决定职位的是任务，而不是人类的天性。管理者的紧要任务不是为了"填补**

职位空缺"而是为了找到一个"在这个岗位上最有可能干得不同凡响的人"。

除了"以岗定人",根据岗位要求选择相应专业能力的人才,管理者还得了解员工的性格和行为处事方式。

关于性格分析的测评工具很多,常见的有DISC性格分析、九型人格、色彩性格分析、形状性格分析等,其实对管理者来说,只要掌握其中一两种性格分析工具就基本可以了解员工的性格类型,以及面对同样的情境下的处事方式。

美国心理学家马斯顿博士在20世纪20年代,发展出一套理论,用以解释人的情绪反应。马斯顿设计了一种可测量四项重要性向因子的行为测验方法,将研究领域延伸到涵盖一般人的行为方面,这四项因子分别为支配(Dominance)、影响(Influence)、稳健(Steadiness)与谨慎(Compliance),而这套方法也是以这四项因子的英文名第一个字母而命名为DISC。这就是DISC的由来。

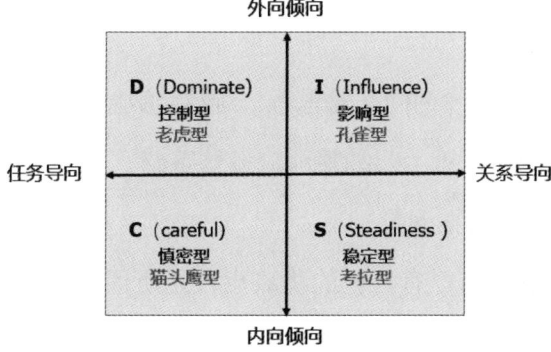

从情感的角度,人的情感倾向可以分为内向型和外向型;从

思维的角度，人的思维倾向可以划分为任务导向型和社交导向型。结合情感维度和思维维度，我们可以画一个四象限矩阵，按照顺时针方向依次为D、I、S、C，依次表现为控制型、影响型、稳定型、慎密型四种不同的性格特质，每个人的性格都是DISC的组合，四种特质都有，但每个人会表现出一两种比较主导的性格特征。含有不同主导性格特质的人通常会表现出不同的行为特征。

D型性格具有强烈的占有欲，总想掌控一切，注重结果，忽视过程。关注事情，不太关注人。是天生的领袖，要求很高，爱批评人。享受工作，是典型的工作狂。

I型性格外向，乐观，追求快乐，是团队的开心果，爱表现自己，不循规蹈矩，喜欢新鲜事物，喜欢创新，但没耐性，经常浅尝辄止。I型很情绪化，善变，做事缺乏计划，不注重细节，爱承诺不爱履行。

S型属于稳健性，是和平使者。追求面面俱到，喜欢安静，不愿意面对冲突，不会轻易做决定，也不轻易采取行动，有时候表现出拖延拖沓。

C型是严谨型，内向，爱思考，对数字敏感，喜欢分析，注重细节，遵守秩序，善于归纳整理，多愁善感。C型的缺点是敏感，多疑，挑剔，爱负面评价。

每种性格特质都有自己的优缺点，无所谓好坏，作为团队管理者，通过性格分析，不仅可以了解自己的性格特质，不断完善，也能了解团队成员及合作者。管理者可以根据不同性格类型的特点个性化管理员工。用人所长，避人所短。例如，挑战性的任务就可以交给D型性格主导的团队成员去做，因为D型以结果为导向，勇于面对挑战。但不能交给S型性格主导的人，因为S型性格的人惧怕冲突还爱拖延。创新型的任务就可以交给I型，发挥I型性格员工好奇心强，喜欢新鲜事物，爱表现，爱交朋友的性格特质让他去开拓市场，开发客户；客户投诉处理及维护的工作就适合交给S型处理，S冷静、淡定，主张和平，惧怕冲突，和再刁蛮的客户打交道一般都不会争吵。但如果让I型员工去处理客户投诉，就不太适合，因为I型没有耐心，惧怕压力，而且非常情绪化，容易和客户发生冲突。如果碰到要求紧急时间期限的工作，最好交给D型，D型追求速度和效率；千万别交给I或者S型，I型不能应对压力，爱承诺不爱履行，自律性差；S型做事拖拉，结果意识不强。如果必须交给S型，需要有人督促，强迫S型按照时间节点交作业，否则很可能会因拖延影响工作进度。C型比较严谨，喜欢和数字打交道，擅长分析、反思，所以适合做财务、统计及审计等工作，如团队中总结提炼、档案管理、数据分析等工作交给C型特质的人就比较放心。但C型特质比较较真、刻板、挑剔，不适合做客户服务环节和人打交道的工作。

因为每个人都会含有DISC四种性格特质，只不过所含比例不同，所以员工通常会表现出比较复杂的行为特征，需要管理者仔细甄别，找到员工的主要性格特质，发挥不同人的优长，有针对性地管理。

除了性格分析工具外，了解员工的意愿（动机）和能力也非常重要，管理者只有了解了员工的需求及工作动机，才有可能采取合适的管理措施。如果以横轴代表动机意愿，纵轴代表能力，员工可以划分为四种类型。

能力意愿矩阵

	低意愿	高意愿
高能力	低意愿高能力	高意愿高能力
低能力	低意愿低能力	高意愿低能力

（横轴：意愿 低—高；纵轴：能力 低—高）

（1）高意愿、低能力。如新入职的员工，有激情，对企业也有比较高的期望值，但他们因为刚进入企业，经验不足或者对岗位不熟悉导致自身能力不足，这类员工可以通过岗位培训，以"师带徒"的方式培养使用。

（2）低意愿、高能力。如有些资深的老员工，专业能力和经验丰富，但工作时间长了以后逐渐进入职业的倦怠期，假如企业的薪酬激励机制不能实现公平，新老员工待遇一样这就会造成老员工消极怠工。既可以通过实现薪酬外部公平性及内部公平性来让员工感觉自我公平，也可以通过放权，给予老员工一定的工作自由度来提升他的工作积极性，还可以通过赋予老员工"师傅"

的新角色增强他的责任感和传帮带意识。在确定"师带徒"人选的时候,要注意选择那些认可企业的价值观及文化、德才兼备、资深的老员工,这样才能保证老员工发挥"传帮带"作用,不仅给新人传授组织经验,也能给新人传递正能量。

另外,有些企业的文化是熟人文化、面子文化,领导喜欢拍马屁的人,这样也会导致高能力的人意愿降低,不愿意为企业多付出。所以领导力的公开、公平、公正非常重要。

(3)低意愿、低能力的人。他们对企业没有贡献只有索取,有时候还会抱怨带来负面影响。在企业条件具备的情况下,能辞退尽量辞退,不能辞退就边缘化使用或者逐渐引导他向好的方面发展,尽量减少他带来的负面影响。如果辞退,则一定要尽量做到人性化处理,取得理解,避免冲突和对抗。

(4)高意愿、高能力的人,也就是企业的明星员工和业务骨干,应该是企业最重要的人才资产,管理者可以通过鼓励、可控的放权、给予晋升机会、涨薪、物质激励和精神激励来留住人才。除了激励措施外,企业和部门良好的文化、开心愉快的工作氛围、团结和睦的同事,也是吸引优秀人才的关键因素。

第五节　员工激励、潜移默化

要想带好一支团队,不能把"激励"仅仅看成一种推动员工动力的手段，而是要把激励放在一个战略高度，作为一种企业文化塑造与培养，这样才可以把激励真正做到潜移默化。

中层管理者的资源有限，很多中层管理者说，我既不能修改制度，又无权增加工资，让我怎么激励员工啊？是只有工资薪金才能激励员工吗？中层管理者有哪些资源？如何用有限的资源来激励员工呢？

一、以身示范、和员工在一起

榜样的力量是无穷的，管理者要身先士卒，成为团队的典范。

管理者希望员工怎样，自己就应该做到更好，我记得柳传志讲过一个故事，说有段时间他发现干部员工迟到现象比较严重，他想让员工按时上班，于是他就每天提前半小时到公司，秘书看到他每天提前半小时来，就提前40分钟来，这样其他的领导也就自觉提前到公司工作。员工看到领导们都按时上班，迟到的人就慢慢少了。

【案例分析】"爱"吃中餐的美国老板

有个曾在世界百强公司工作过的朋友给我讲过一个他亲身经历的故事。大老板是一个美国人，他当时是营销总经理，有一天午饭后，他有个紧急汇报去办公室找老板，碰巧老板的秘书给老板送来了一个三明治外卖，老板问他："你介意我边吃边听吗？"这个营销总经理说不介意。但他很好奇,因为中午他看到老板从员工中餐厅出来,因此就随口问:"您没吃饱啊?"老板回答:"如果你每天都吃中餐,你腻不腻啊?"他更好奇了,就多问了一句:"那您中午去吃中餐干嘛!"老板愣了一下,然后嘿嘿笑了,说:"那是我唯一接触员工的机会!"之后这位营销总监留意观察,发现这个美国老板每天都到中餐厅,只要一点点菜,端着盘子到处转着找不同的基层员工聊天,那些一线的技术工人,有的英文还不怎么好,只能简单蹦单词或用手势比划,但和大老板交流之后都非常开心,似乎受到了莫大的激励。由此,营销总经理对这个美国老板肃然起敬,也影响到他自己后来的管理行为。这位美国老板就是真正的领导者,不是因为他喜欢中餐,而是因为他的职位要求他理性做事,所以他将每天中午和员工交流当作重要的工作。

哈佛商学院管理学教授卡普兰在《哈佛商学院最受欢迎的领导课》这本书中讲道:**领导者要成为公司典范,即为他人所追随的公司楷模。**当然,领导者也应该告诉员工该做什么,但**领导者所说的话,效果远不及他根据这些要求亲自去做(或者无视这些要求的不作为)来得大声、有力。**

行胜于言,中层管理者因为长期在一线工作,比高层管理者更容易受到基层员工关注。每天,员工都会关注部门管理者是否在,在干什么?很多员工在管理者在和不在的时候表现出截然不同的状态。如果管理者要求员工认真工作,而自己都不能按时上下班，那实际执行的结果也不会好到哪儿去。作为培训管理者，我自己也做过对比观察，每次培训，我总是坚持第一个到校，提前去培训现场，看看教室和学员情况，有什么需要帮忙的？员工来了，如果看到我已经到了，大家甚至连早饭都不吃就会自觉地去做签到服务。但如果我有事没有到场，又没有给大家解释原因，之后了解，他们情绪就会有波动，行为也会有一些微小的变化。一两次还没关系，假如长此以往，员工的士气肯定也会下降。所以，作为管理者，能和员工在一起非常重要。

【案例分析】以身作则

我曾经访谈过一个地下停车场的优秀管理者，他因工作出色而受到员工的信任和拥戴。他告诉我，做一个好的管理者没有别的诀窍，就是以身作则。几十年如一日，他兢兢业业，认真负责，每天总是第一个来，最后一个走，因为他做到，员工也能做到，所以他让员工做什么，员工都听从他。有什么紧急突发事件，员工处理不了，找到他，他总能在第一时间顺利处理，让员工非常佩服。他甚至能够从开入停车场的汽车发动机的声音分辨出司机的心情，因人而异地引导服务好每一个客户，让客户非常满意并不断推荐朋友来惠顾。员工说，有他在，没有什么问题解决不了，员工心里就踏实，就信服。这样的中层管理者，他的存在本身就是一种激励。

管理者是部门员工关注的焦点，因此，管理者的行为本身必然要比任何设计好的宣讲和口号更有说服力和号召力。优秀的管理者，如果能经常和员工同甘共苦，这种行为本身对员工就是激励。

二、尊重和平等，把员工当作合作伙伴

陈春花老师在《激活个体》这本书中有段话：我们遇到了一个"个体崛起"的时代，员工不再认为自己是公司的资产，而是一个个独立的个体，面对这种情况，**我们需要的是全新的管理手段，这个手段就是从管理员工变为激活个体**。雇佣关系本身会导致角色固化、层级固化和信息僵化，因此**基于信任和契约精神的合作就是未来的趋势**。

年轻的新一代员工个性张扬、思想开放、自我意识较强，具有极高的成就导向和自我导向，呈现出注重平等及漠视权威、追求工作与生活的平衡等工作价值观特征。他们不喜欢像家长一样、高高在上、指手画脚的领导，更喜欢理解人性，尊重个体，倾听员工声音的合作伙伴。

环境的不确定性已经成为常态，驾驭不确定性是组织管理面临的核心挑战。个体和组织的关系，不再是层级关系，而是合作关系；不再是服从的关系，而是共生关系。因此，一切管理手段都要围绕和遵循"以人为本"回到尊重人的价值上。尊重和平等，

要求管理者学会把员工当伙伴，学会做被管理者，允许专业性强的人比你更优秀，拥抱他们的质疑、挑战，发挥个体的优势、潜能和创造力，集合群体智慧，在企业价值共识约束下包容与支持员工不断探索、尝试，且允许试错，包容失败。作为管理者，可以尝试通过项目制等灵活的方式组建团队，砍掉层级，给员工一定的自由。为人才提供更好的机会与资源，激励人才，让人才借助公司平台，实现人生价值与职业梦想。

【案例分析】项目制激活团队战斗力

某培训部根据培训工作特点，采用项目制管理，按照不同的培训班分别设立项目组，大家可以自愿申请做项目负责人，项目负责人可以自由搭建团队，自由选择组员并灵活分工，项目组允许内部创新，可以轮换岗位角色，并根据每个人为组织创造的价值核定绩效。经过三年多的实践证明，相较以往的组织从上到下分配任务模式，项目制以任务清晰，目的明确，灵活性更高而备受员工欢迎。更重要的是，在项目制中，员工会表现出更强的责任感和战斗力，培训形式会更具创新性和多样化，达到了更好的培训效果。

三、创造仪式感，让员工感受工作的意义

年轻一代员工自我意识强、他们具有更好的受教育程度与更

高的自由追求，优越的物质条件使他们不再被工资薪金捆绑，他们更追求工作的意义与价值。我在给某4S店培训的时候，有个销售总监给我讲，他手下有个员工，开着豪车来上班，家里不愁吃喝，那个员工根本不在乎钱，但非常喜欢企业的工作伙伴和环境氛围，所以他来上班就是为了满足社交需求和自我实现。对这样的员工，我们不仅要告诉他们干什么，更要让他们感受到工作的意义与价值。

【案例分析】"90后"的成就感

某企业培训中心有个"90后"老师，主要负责做培训视频。他刚入职的时候，培训主管布置他做培训视频，他还挺开心的，总是有很多创意让主管耳目一新。但做培训视频非常辛苦，有时候为了赶最后一天给学员播放，需要前一晚熬夜加班，毕竟年龄小，主管猜测他内心少不了有抱怨。一段时间后，随着培训班的增多，视频的量增大，主管发现他的视频逐渐缺乏新意，不像刚开始那样总有令人"眼前一亮"的设计。主管就经常找他谈心，和他分析做视频的意义和价值，回放之前做视频得到学员领导表扬的画面，为他持续赋能。另外，培训中心还通过仪式感的设计来不断地激励他，每次培训的闭营仪式，学员精彩视频展示是个必不可少的环节，当学员被感动得热泪盈眶达到高潮的时候，班主任会推出视频的幕后制作者——这位老师，一般这时候学员都会热烈鼓掌向他致谢，可以看出，这是每次培训他最开心的"闪光时刻"。每次培训结束，主管都会特意把听到的企业领导及学员看到视频的真实感受反馈给他，学员及同事们也会为他纷纷点赞。每次培训后复盘，每当主管给他分析培训视频对企业培训宣传的意义，以及对学员的价值；每当他收到领导和同事们对他的点赞，大家都明显感受到他重新被点燃，眼中出现久违的光芒和喜悦。

每个人都希望得到认可，何况是充满激情的新员工。如果工作是辛苦的，但心情是愉快的，员工就会以更大的努力投入下一次工作。

很多领导布置任务的时候为了节省时间，并不告诉员工为什么这样做？做这个工作的意义与价值。所以员工只能被动机械地完成任务，体会不到工作的乐趣，工作效率和质量就很难达到预期。

四、用挑战性工作激励员工成长

我记着孩子小时候学钢琴的时候，刚开始我并没想让他考级，孩子每天磨磨蹭蹭，顶多就练20分钟，再让多练就受不了，我也想着又不考级就别逼他。不考级时不仅孩子没有动力，家长也会懈怠。考级就相当于给孩子制定了阶梯性挑战性目标，一旦决定考级，几乎所有的家长孩子就进入备战状态，孩子也会迸发出超常的潜力，每天最少练琴一个小时，考级前每天都要练到两三个小时以上。这就是挑战性目标的力量,一旦有了目标,孩子、家长、钢琴老师,所有的人都会动力十足。

具体到工作,也是同样的道理,如果是常规性工作,又没有人检查,只有极其自律的人才能穷尽力量以最快的速度做好。但如果是激发潜力,富有挑战性的目标,就能激发人的潜能,使人焕发出超常的能量。

挑战性工作需要高水平的能力来匹配,领导把挑战性工作任务分配给员工本身,就体现了领导对员工的重视和对员工能力价值的认可,领导给予的信任本身就能够调动员工的积极性。加之挑战性工作既有的难度,必然激发员工的创造力和潜能,他会调动各种资源、全力以赴来完成任务,回报组织的信任。

挑战性工作可以使员工充分发挥其才干和潜能,提高工作的效率和效果。更重要的是,挑战性工作可以激发员工克服重重困难取得成功的心理期待,增强员工的自信心、激发其工作动力、提高其积极性、激活其潜力,实现诸多激励功能。

简单低水平的重复是不会成为专家的,唯有挑战性的任务才能催人成长。如果总是给员工分配简单低水平的工作,表面上看是照顾他,工作轻松,但长期来看,会导致员工安于现状,丧失激情与创造力,发展也会走向停滞,实际上是组织放弃对他的培养。相反,赋予员工具有挑战性的工作,可以激励员工为完成挑战任务而不断学习,提高自己的知识和技能,挖掘自己的最大潜能。

挑战性工作的完成,能赋予员工强烈的自豪感和成就感。挑战性工作意味着员工不断突破自我的过程，一般都会伴随着员工的系列创造性成果。即使没有成果，能够完成高难度的工作本身也是值得骄傲自豪的事情，这不仅能凸显员工的能力、发现自我潜能，也能让团队其他成员对他刮目相看，这个过程会增强员工自信心，促进他迅速成长。对于追求自我价值实现及追求成就感的人，赋予他挑战性的工作，能最大限度地激励他。

五、定期辅导，及时反馈

管理是通过他人完成任务，很多中层管理者都知道人才培养是关键要务，但在我们的调研统计中，绝大多数中基层管理者每天花在做事和培养人上的时间比例，与管理者内心的预设都大相径庭。很多中基层管理者把大量的时间用于事务性工作的处理，花在员工辅导上的时间少而又少。殊不知，辅导反馈是驱动员工执行工作任务最有效的一种管理方法，它能帮助员工发现不足，不断改善和成长。最重要的是，辅导反馈是激励员工最重要的手段，也是管理者和员工建立信任的重要方式。有效的辅导反馈，可以帮助员工快速成长，反过来，员工能力提高，也能帮助管理者从具体的事物中解脱出来。

值得注意的是，**辅导反馈并不单指年终绩效反馈。而是对员工日常的工作定期辅导和即时反馈。**如果等到年底才和员工反馈他的问题，那难免会给员工带来"惊吓"，员工也很难心平气和地接受反馈意见，尤其是负面反馈。

我们在前面第四章"教练式辅导"中已经介绍过辅导反馈的工具与方法，这个地方就不赘述，但需要强调操作中几个关键点。

1. 辅导周期化常态化，抓住"教机"

教练式辅导是发现员工的优势及弱势，帮助员工改进不足，扬长避短。作为教练型管理者，需要制订员工反馈计划，对不同类型、不同入职年限的员工保障相应的辅导时间。如每周一次、每两周一次，或者每月一次、每季度一次，不一定非要刻板地选择固定的时间，可以根据管理情境择机进行，但必须把辅导做到周期化和常态化，当作管理的关键任务来设计。

管理者在给员工辅导时要选择合适的时机；指导的问题要基于事实，就事论事，而不是单纯批评指责；辅导内容要做到明确具体，还要兼顾改善的可行性；尽量不采用模棱两可、容易引起歧义、引起误解的描述。一般来说，最好针对辅导对象可提高的技能，而非无法改变的个人特质。例如，可以是工作方法技巧的改进，而不是性格上的缺陷（江山易改，本性难移，个人特质很难改）。

另外，有效的指导一定要提前获得辅导对象的充足信息，确保信息准确无误，可得到对方认同。所以辅导前，管理者最好能多次深入工作现场认真观察被辅导者，或者是询问辅导者的同事。如果是二手信息，需要反复核实确保无争议。管理者反馈时要注意对方的情绪和感受，根据对方的需要，选择合适的时机，合适的时间、地点，选择被辅导对象愿意倾听意见的情景下来指出。这个要综合考虑辅导对象的性格特点，以及辅导者和被辅导者的信任关系，还得考虑辅导对象的情绪状态。正面反馈可以在公开场合，负面反馈就要小心选择合适的时机，一般不适合在公众场合，更适合一对一私下辅导，除非管理者有特别的目的和意图。

2. 不吝啬赞美，正负反馈要及时

辅导反馈要尽量及时，最好"不隔夜"，即便是表扬，也最好在被辅导对象刚完成工作之后即时反馈，这样才能起到非常好的激励效果。互联网环境为我们提供了多种快速沟通方式，除了面对面的点赞外，我们还可以用微信、语音即时反馈。不要"吝啬"点赞，一个好的行为可以在事后采取不同方式表扬点赞，通过持续强化，固化好的行为，将好的行为形成习惯。

负面反馈更要及时，最好的反馈时机也是在行为发生之后。做负面反馈的时候要先肯定员工做得好的方面，做一些铺垫，再提出建设性意见，一上来就提建议容易遭致反感，引起员工抵触。管理者最忌讳积累很多条负面反馈和员工"算总账"，这样会让员工受挫、压抑、心理感受不好，而且也容易导致员工受到惊吓，产生负面情绪和对抗行为。

3. 尊重平等，善用"有效的提问"

反馈时不要居高临下，要尊重每一个个体，要用而且只能用商量的口气。记住，你只是在分享你的看法，而不是传播世界的真理，不用勉强对方必须接受。今天是每一个生命努力绽放，拼命生长的时代；今天是每一个生命都顽强地寻找自己的舒适区，创造自己的元宇宙时代。今天的管理者必须习惯员工和你的意见相左、看法不同；必须习惯员工有独特视角和独立见解；必须习惯员工不因你是上级而听从你；不因你是上级而认同你的"大道理"；管理者不能改变员工，能改变的只有自己。管理者只有改变自己的思维方式，改变和员工的交流沟通方式，才能和员工成为伙伴对话交流，共生、共长、共赢。

管理者可以用教练技术，开动脑筋提出"好问题"，引导员工积极主动思考。

有效的提问有助于员工切换视角，跳出当下，着眼未来看问题，也有助于事情的解决。例如，当老员工处于压力的环境下，内心深处觉得干多干少都一样，干多了也未必有用，没办法用积极的状态投入工作时，管理者可以用时空转换，站在未来，引导提问。

假如你一直保持这样的工作状态直到退休的那一天，回顾这样的生活，你会有什么感受？

还可以问：假如60岁退休的时候，你的同事来和你道别，你希望同事们都怎样评价你？

如果是新员工，你可以这样问：你还记得你当时面试的时候给我描绘的梦想吗？假如你放弃自己的梦想，一味止步不前，想想五年之后你会有什么样的损失？

还可以问更扎心的问题：假如五年后你被邀请参加同学聚会，

看到你们同学都非常有成就，你会有什么样的感受呢？

引导员工做时空转换，站在未来或明天的时间点上看今天的工作状态，没准他就会有不同的发现。启发对方跳出障碍，朝向未来去思考，也许就会有不一样的改变。具体的方法在本书第四章教练式辅导中有大量的讲解，大家可以对照练习。

4. 克服心理障碍，不要惧怕冲突

有些管理者也许出于性格的原因，害怕面对正面冲突，所以没有勇气给员工负面反馈，也许他们害怕一旦给员工负面反馈，员工就不喜欢他们了，也可能担心会引起员工的不舒服和对抗。但如果管理者长期不给员工反馈，积累到什么时候去反馈呢？是等到年终总结的时候给员工"惊吓"吗？还是就一直默默埋在心里？假如管理者永远不给员工反馈，员工就真的会喜欢你和感激你吗？事实上，如果管理者做"好好先生"，不得罪员工，员工并不一定会买账，真正想成长的员工都希望得到主管上级的真诚反馈。从很多优秀管理者的实践来看，除非那些混日子的员工，大多数员工对来自主管的真诚反馈都是非常欢迎的，即使是混日子的员工也会在内心接受你的真诚反馈（人都希望别人关心自己，反馈本身表达了你对他的关心关注），当然不排除人们在面对自己的弱点时都会惶恐不安。但如果建立了非常好的反馈机制，**将复盘和反馈形成一种文化**，员工都会认真听取来自上级的意见，并且发自内心地感谢上级。当然其**前提是：主管给出的反馈意见要有足够的建设性，而非单纯的批评指责**。因此，建议每一个管理者都要去学习教练技术,做一个教练式领导。高效的领导者不但自己本身就是好教练,同时也会主动为自己寻求教练。教练技术有助于管理者学会如何正确给予员工反馈并避免冲突。有效的反馈不仅能帮助员工发挥优势,不断改善,而且还可以赢得下属对上级的尊敬与信任,建立良好的关系,员工会珍视你的建议并不断成长。

5. 辅导是帮助、支持,更要解决问题

辅导的最终目的是让员工持续改善和解决问题,变得越来越好,而不是单纯指出问题。所以我们在辅导的时候,不要把大量的时间放在查找问题、追究过去的原因,而是要通过辅导,引导员工朝向未来,去改善问题。在辅导过程中管理者还要给员工提供必要的支持,引导员工主动思考,必要时(紧急情况下)还需要给出解决方案。这样才能得到员工的爱戴和尊重。

下面选取了我们团队中两个培训班主任写的日记,从这两篇日记中,我们可以从员工的视角,感受和体验一下即时辅导反馈对员工成长的意义与价值。

【案例分析】班主任日记1 此时无声胜有声(作者:肖琳)

跟随镜头回到2017年,那一年学校承办了某公司青年后备干部培训班,由我担任班主任。这期的二十二名学员中多数人与我年龄相仿不到三十岁,他们都是各部门的精英骨干,是公司重点培养的储备干部。而那一年我还是刚进入培训圈儿的"小白",从零开始学习培训班主任的各项技能。

这期培训历时较长共五天，所以我至少需要准备六个团建活动。我把手头的"存货"翻来覆去琢磨了两三遍，适合晨会做的有两个，适合下午课前做的有三个，还不够啊。算了，想太多也没用，减轻焦虑的最好方法就是行动起来。在问"度娘"时，我突然想到在一次客户投诉培训中老师带大家做过一个小游戏效果很好，正好可以在第三天高效沟通课前使用，也算是贴合主题可以借鉴。我首先给游戏取了一个形象的名字——"你听我说"，然后根据学员特点进行了内容上的创新，难度调整为中等偏上，传递任务也结合高热点娱乐事件做了看似天马行空但又有一定规律的改编，经过反复梳理流程，自认为万无一失后我才稍感安心。

培训当天可谓嗨爆全场。五位选手在传递任务时一会儿着急得手舞足蹈，一会儿笑到不能讲话，观众学员更是全程笑得前仰后合，有的人捂着肚子都笑出了眼泪。"看来大家对我组织的活动非常认可"，我心中窃喜。游戏接近尾声，培训场域的能量达到高点，我开始活动小结。正说得兴起，突然有个声音打断了我："你就是纸上谈兵，你说的这种沟通方式是理想主义，根本不符合我们工作实际……"，

我一下呆住了，回过神一看，这不是前两天在课堂上频频向老师提出挑战性问题的那个学员嘛。气氛热烈的教室一下子静下来，大家都默默望着我，而那位学员还在自顾自说着。过了一会儿，有些学员开始窃窃私语，我似乎感觉到有少数唯恐天下不乱的学员在看热闹。就在此时，我看见当天课程的主讲老师已经进

入教室，站在后面看着我，我更尴尬了，不知道说什么好，只能胡乱应付了一句："您的问题或许可以在稍后的课程中找到答案。"然后就草草收场，结束了破冰。

正式上课后，部门领导看我心事重重便把我带到教室外，针对刚才的活动帮我做了复盘。她安慰我道："别灰心，你才刚开始做培训，培训中出现挑战性的学员是很正常的，给学员示示弱就好了……"

课间休息时，我主动找这位学员交流，开诚布公地告诉他我刚从事这份工作不久，缺乏经验，照本宣科过于理论化。不仅如此，我还虚心地请教他刚才提到的现实问题，并且作为案例认真记录下来。没想到当天下课后他竟主动和我道别，我能感觉到他对我已经从攻防状态转成开放模式，于是我把握住机会开玩笑似地说："明天早上的活动还请多多关照。"接下来的两天他不但积极参与活动，还会在结束后给我一些真诚的反馈。时至今日，如有需要征求学员意见或者需求调研时我会第一时间联系他，而他每次都会在认真思考后给予我中肯的建议。

老师和学员是平等关系，没有高低之分，区别只是角色不同、视角不同而已。学员有异议不正说明了他的全情投入吗？面对质疑和挑战，唯有谦虚示弱、积极沟通，尊重理解才是处理不和谐声音的正确方式。

案例分析：这是四年前的一次培训破冰，肖老师至今对这次经历印象深刻,管理者的指导也起到了非常好的效果,一方面,是肖老师本人善于学习反思,能迅速学以致用;另一方面也得益于管理者找到了非常好的教机,在下属面临困难和尴尬境地,管理者用丰富的经验帮她解决了问题,并且取得了非常好的效果,这次经历不仅让肖老师对管理者非常认可和信任,也加强了她们之间的亲密关系。

【案例分析】班主任日记2—次南辕北辙的经历(作者:宋文)

2019年我告别军营,加入了培训部,开启人生新征程。在新的工作岗位上,我的主要任务是拍摄采集照片,不过摄影对我是小菜一碟,大学期间我在中央电视台实习时制作过的电视节目,曾经创下过季度收视率第一,当时得到栏目组的一致认可。在工作面试时,我展示的照片也得到了新工作单位领导和校领导的赞许,所以我觉得胜任工作游刃有余,信心满满。

上班第一周,我接到了第一个任务,领导让我负责第二天《祥龙物流公司中层干部培训班》的照片采集,用于培训报道的撰写。我当时心里想:"培训摄影还能比中央电视台要求高吗?我肯定没问题。"虽然这么想,但是毕竟是第一个任务,为了出色的完成任务,给领导和同事留一个好印象,所以我在拍摄的前一天,认真地考察了培训会场、参会人数、议程安排等拍摄流程,做到心中有数,以免造成拍摄失误。

2019年5月17日培训当天,我用了40多分钟的时间才拍摄到我想要的场景。这一天，是我参加工作以来，心情最为复杂的一天，出师不利，没想到第一次培训拍摄和我的想象截然不同。

早上8：30培训正式开始，我自信满满，准备开始一天的拍摄；礼堂很大，可以容纳将近200人，但这次的学员只有80人，所以学员们都坐在礼堂前半部分，为了不影响老师上课，我们负责摄影的工作人员一般坐在最后排位置，拍照时需要随时移动，找到适当的位置去抓拍。

培训是随着内容和师生互动流动的，培训场景不可复制，就类似现场直播，在整个拍摄过程中，错过某个精彩瞬间，就不可能再有机会补上。我绷紧了每一根神经，随时准备进入战斗！

提问环节，老师设置了加分奖励，首先发言的小组会获得20分加分。学员们非常积极，争先举手。我抓紧机会，快步向前，想抓拍一个学员回答问题，刚准备按下快门，突然听到老师说："请坐，说的非常好！""哎呀，慢了半拍，真糟糕，学员坐下了，没拍到"，我遗憾地向后排走去，刚准备落座，又有一位学员站起来发言，"这次动作要快"，我一溜小跑到前排，可这次更窘迫，还没来得及拿起相机，学员已经坐下。"哎，怎么动作这么快啊，我还没反应过来呢，就结束了"。没等我喘息，老师紧接着说："哪个小组还有补充"；站在礼堂中间的我，很是期待，事与愿违，并没有人站起来；我看到，后排有位学员想发言，我快步向后排走去，但是声音却从前排传来，"老师我还有补充……"我转身向前一看，只见前排一位学员，已经开始发言。"嘿！你说这不是和我开玩笑吗？"我心里默念，"是在逗我玩吗？我去前边拍照你不说，我到后排了，你抢着说，我看就是故意的。"

嘿，我就不信了，我暗下决心，这个场景很重要，我必须要拍到"。我决定去前排蹲点，在及时和班主任老师沟通后，我向前排最左侧走去，在不影响老师教学的情况下，开始等待，感觉就像上学时的"罚站"一站就是半个多小时，度日如年，功夫不负有心人，40多分钟后，我终于拍到了好几张学员发言的场景，为这场"罚站"画上了句号。摄影就是这样，在记录随时发生的美好瞬间时，必须时刻准备着，一刻也不能放松。

在辛苦拍摄了一天之后，我兴奋地回到办公室，等待领导检验。虽然拍摄过程几经坎坷，但我自信照片构图、照片参数，都符合好照片基本要素，我准备给主任好好炫炫；刚巧曾老师走过来期待地说："宋文，让我看看你拍摄的照片吧。"持续有两分钟，曾老师一直在看没说一句话，她并没像我期望的那样流露出惊喜，我感觉有点不妙，"宋文，你拍的照片很美，这些照片给学员自己收藏是很好的，他们一定会很开心；但如果用在我们的新闻简讯里，这些照片体现不出我们的培训场景和传递的价值，就不太合适"。听完曾老师点评，我的心情瞬间跌入谷底，原以为拍照这件对自己非常简单的事情，竟然都没做好，挫败感寒彻心底。

或许是曾老师看出了我的失落，她微笑着拍着我的肩膀，对我说："别着急，咱们来看看培训需要什么样的照片？"她找到之前的一张照片说："宋文，你看这张照片，有场景，有人物，你猜猜他们在干什么？""在讨论吧"我迟疑地回答。"是啊"曾老师说："一看就知道是在讨论，能让外人感受到培训的热烈气氛，这样的照片对于我们才有价值"。随后，主任耐心对我进行了指导，告诉我什么样的照片才适合我们，并对我拍摄的照片，逐张给予了点评指导。我终于明白了培训简讯到底需要什么样的照片。

这次南辕北辙的经历让我明白了，在工作前，首先要明确工作的目的和意义？明确工作的标准是什么？确认这次工作的需求。另外，完成任务前要及时地向同事了解工作任务中可能存在的各类突发情况，向有经验的同事请教，这样才能避免偏离目标、南辕北辙，并出色地完成任务，得到期望的结果和大家的认同。

案例分析：这是宋老师在加入新团队之后的第一次拍摄任务，也是管理者第一次给他负面反馈，其实回望起来这件事当时对管理者也很有挑战，怎样给一个自信满满、有辉煌摄影经历的新老师"泼冷水"？又不至于浇灭他的工作热情？还得让他心服口服？管理者选择了真诚反馈，管理者知道，只要足够真诚，是发自内心地帮助对方，员工一定是能够感觉得到的。有效的负面反馈不仅仅限于"浇冷水"，还要给员工提供建设性意见，辅导并帮助员工解决问题，这是直面冲突又化解冲突的真谛!

6.反馈要落到行动，引导员工做承诺

辅导反馈的目的是帮助员工加强优势，改善弱势，不断成长，所以最后要引导员工着眼未来做出改善承诺。例如，你可以问：

"假如下一次有同样的情况，你该怎么做呢？""如果重新来一遍，还有哪些地方可以做得更好呢？"通过这样的提问，引导员工自己做出工作承诺，员工一旦自己做出了承诺，他就会更有意愿去执行。

当然，年轻员工有时候忘性会比较大，管理者的辅导不能一蹴而就，需要连续进行，所以你也可以在遇到同样场景的时候提醒他："哎，上一次我记得你说要……"，这样，员工多半会想起来，按照之前你们商量的改善行为去落实了。

六、充分授权，适时指导

对专业能力比较强的年轻骨干员工或老员工，充分授权是一种比较有效的激励方式，授权本身就意味着管理者对骨干或老员工的重视和信任，授权可以充分提升他们的积极性，激发他们的潜能和创造性，为组织做贡献。

授权并不意味着完全放权和放任，管理者还需要在关键节点给予骨干员工或老员工及时赞美、支持与反馈。大多数老员工自尊心强，如果要给老员工做负面反馈，首先要谨慎选择合适的场合，最好私下进行，注意保护他们的自尊心。其次，要注意措辞，给予充分的尊重，尽量用商量的口吻提建议。如采用这样的句式："如果能……，就更好了！"一般老员工都会心领神会，如果他们认同主管的建议，就会自觉改善；如果他们不认同，也不用和他们争辩，保全他们面子，用时间去等待。另外，对老员工当众表扬的内容要选择比较有含金量，最好能体现老员工"技高一筹"的专业度和高水平的内容，而不是赞扬简单易达成的行为，和年轻员工有所差别，这样能帮助他在团队中树立威信，他就会心存感激更好工作。总之，对老员工要充分尊重信任，遇事勤商量，激励他在团队中发挥积极的正能量。

如果发现老员工工作中出现了纰漏或者产生了风险，要尽量私下给他指出，并且尽量为他保密，照顾他的自尊心。如果有风险，管理者也要勇于担责，避免他们因此退缩不前。

最后，还可以通过"师带徒"的方式，赋予老员工"师傅"的角色，增强老员工的责任心和进取精神。引导老员工发挥"传帮代"精神，传播组织经验，带动新员工成长。

七、提供学习和发展机会

当前全球经济下行，国际局势动荡，面对越来越不确定性的组织环境，知识已经成为重要的生产力要素。组织的学习力决定企业是否拥有未来。无论是企业还是员工，只有能够不断地创造知识，才能在变化的环境、激烈的竞争当中，不被时代淘汰。

为员工提供学习发展机会，不仅是每一个中层管理者的职责，也是一种非常强有力的激励手段。**作为中层管理者，你不可能让所有下属都获得他们想要的东西（晋升、加薪等），但是你可以帮**

助他们进步，充分发挥他们实力与潜力，在与您同行的这段职场生涯中加速成长。知名管理专家刘润老师的一席话道出了管理的真谛："真正好的管理者，哪怕是你在开除员工时，员工依然对你心存感激，他会说在你手下工作，是他学到最多东西、成长最快的时候，这才是真正的管理。"

"兵在岗上练，人在做中学"，工作场就是最真实的练兵场。每日周而复始的工作，虽然单调枯燥，但是如果能在重复的工作中发现规律，总结提炼思考，提取经验教训，不断创新发展，是非常好的学习训练方式。

"70-20-10"（简称"721"）学习理论是由普林斯顿大学创造领导中心的三位研究者2000年针对成人能力发展提出的。即对成人而言，70%的能力是从工作中发展的，20%的能力是与他人交流中提升的，仅10%的能力是通过正式培训提高的。

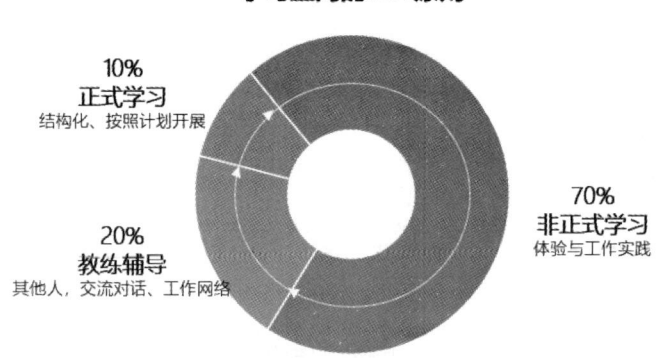

作为"721"学习理论的核心，员工的学习，70%的学习与发

展来源于现实生活与工作的经验、任务与问题解决；20%来源于人与人之间正式或非正式反馈、辅导或者教练，10%的学习与发展来源于正式的课程培训与教育。

研究者指出这种变化源于"现代工作场所成功所需要的技能已经有了很大的变化，相应地，学习的战略也应该有所调整。"他进一步指出，在互联网时代，"吸收与保存知识，以备不时之需，已经变得不那么重要，让位于快速找到需要的知识并正确使用"。

身处互联网信息爆炸时代，知识的获取已不是难事，作为管理者，如何为员工争取资源、创造资源、鉴别筛选有用的培训资源，为员工提供精准有效的学习培训机会？如何提升管理者自身的学习力，以更好地服务他人？如何将工作场所变成一个获取知识的课堂？让员工既能轻松得到10%，又能从你和同事身上学到20%，通过创设良好的学习环境与氛围，提升员工在岗训练的70%，这是每一个管理者需要去研究的课题。每日复盘反思、例会总结，都是在工作中不断提高；向他人学习，向上司学，向同事学，分享经验，总结教训，站在前人的肩膀上少走弯路，迅速成长。参加正式正规的在职培训能够帮助员工不断增长见识、丰富知识与技能、提高技能水平，是实现自我提升最后的10%。下面，我们通过一个案例来学习组织如何为员工提供学习发展机会。

【案例分析】践行"721"理论

某服务行业的公司在推行"721"学习理论时,践行"以客户为中心"的理念,针对员工的核心能力,组织提出全面学习解决方案。

工作中的学习(70%)

1.每年拜访三到五家当地的标杆企业并学习他们的工作流程和最佳实践。

2.参与或领导一个关注于提高客户服务的跨部门项目小组。

3.充分利用现在的最新技术,建立员工与员工、部门与部门、区域与区域、不同层级之间的正式与非形式沟通。

4.花时间去倾听和理解你的顾客(同事、直接下属、客户)的需求和期望。

5.检查你的工作习惯,并不断优化改善。

向他人学习(20%)

1.成立一个跨部门的合作性学习讨论小组。

2.参与行业论坛,与其他领域的同事定期交流会面。

3.在团队例会的时候预留"分享最佳实践做法"的时间,讨论共同面临的挑战,然后用头脑风暴的方法找到可行的解决方案并将之付诸行动。

4.挑战自己,搜集真实的顾客对自己的反馈意见,并不断改进。

正式的学习(10%)

1.部门每月开展内部培训一次,员工轮流主持,围绕工作主题，可以是个人经验萃取，也可以是阅读一本工作岗位相关的书籍，并与伙伴分享你的心得。

2.每季度参加公司或单位组织的培训一至两次。

3.参加外部的培训课程。企业会根据每人优点，每年安排一至两次外部培训。

八、小确幸，关注员工的幸福感

每个年龄段的员工都会面临工作和生活的重重考验，刚入职的新员工要考职业认证、谈恋爱找朋友；入职3~5年的年轻员工要贷款买房、结婚养孩子；中年员工面临"上有老下有小"的压力；老员工病魔缠身还得被啃老，说起来，哪个员工没有困难。作为管理者，要关注员工的情绪，体察他们的困难，提升员工的幸福感。

陈春花老师在《激活个体》一书中说："幸福感是薪酬、人际关系、自我实现等一系列因素的总和。"管理者要关注员工的情绪，培养同理心，了解员工负面情绪背后的真实原因，给予必要的精神抚慰与支持。在员工谈恋爱、婚姻、老人健康、子女教育、人际互动、职业培训等方面出现困惑和问题时提供咨询及必要的帮助。

另外，还可以给员工一些"小确幸"，就是员工没有预料到的小惊喜。例如，通过弹性工作时间来给员工一些临时调休；不定期组织部门聚餐、团建；重大任务完成后发个红包；为新员工提供展示平台（如主持例会分享等）；部门外出参观标杆学习；为个人提供非常好的外出学习培训机会等……所有这些都能培养管理者和员工的感情，增进理解，建立信任，让您成为最有影响力的领导者！

本章小结

1. 树立团队的愿景与目标
2. 培养良好的团队文化
3. 以岗定人，选择大于培养
4. 用人所长，知人善任
5. 员工激励，潜移默化

参考文献

[1]彼得·德鲁克.巨变时代的管理——德鲁克世纪精选[M].朱雁斌译,北京:机械工业出版社,2006.

[2]【美】彼得·德鲁克.卓有成效的管理者[M].王雷译,北京:机械工业出版社,2020.

[3]【美】彼得·德鲁克.卓有成效的管理者[M].许是祥译,北京:机械工业出版社,2018.

[4]【美】罗伯特·史蒂文·卡普兰.哈佛商学院最受欢迎的领导课[M].北京:中信出版社,2018.

[5]【美】玛丽莲·阿特金森,蕾·切尔斯.唤醒沉睡的天才:教练的内在动力[M].古典,王岑卉译,北京:华夏出版社,2018.

[6]王成荣.企业文化教程[M].北京:中国人民大学出版社,2003.

[7]陈春花.激活个体:互联网时代的组织管理新范式[M].北京:机械工业出版社,2018.

[8]【美】霍华德·加德纳(Howard Gardner).多元智能[M].

北京：新华出版社，1999.

[9]【美】巴斯.进化心理学[M].熊哲宏译，上海：华东师范大学出版社，2007.

[10]段烨.不懂人,怎么带团队[M].北京：北京联合出版社，2016.

[11]祝智庭,钟志贤.现代教育技术——促进多元智能发展[M].上海：华东师范大学出版社，2003.

[12]陈和平."打土豪、分田地"到底应该怎么看？[J].环球视野，2017-06-14.

[13]刘润.神奇的721法则[J].世界经理，2019-01-22.

[14]石修俊.挑战性工作对员工的激励作用[J].玉溪师范学院学报，2009（10）.

[15]从菜鸟到职场高手的十条定律.凤凰网.2009-08-07.

[16]木桶定律：别让"短板"拖后腿.凤凰网.2013-07-26

[17]孙雪菲.你是有觉察的高效能领导者吗？[J].中欧商业评论，2017-8.

后记

在成人高校从事成人教育教学工作16年之后,由于集团重组整合需要,我被调离教师岗位转型从事企业大学培训管理工作。跳出学校从企业的视角看企业,从管理者的视角带团队,从讲授者转型为培训组织管理者,这些对我都是全新的挑战和考验,也意味着不同的角色转换。利用企业大学丰厚的培训资源,我遍访高人,到处听课取经,不断实践,反思提升,在经历短暂的转型阵痛和初任管理者的不适应之后,我这名"职场老兵",终于成长为一名合格的管理者,带领全新团队,从无到有,实现了集团内部培训的全面覆盖和外部培训零的突破,取得了一些成绩。这期间我经历了非常艰难的管理心路历程。

在从事企业大学工作过程中,我们每年要规划设计近百场国有企业中层干部的培训,为集团所属不同行业板块打造人才干部梯队。在做培训需求调研和组织培训的过程中,我发现,相当大比例的国有企业中层干部都是从基层提拔上来,很多之前都是部门的业务骨干或者是岗位能手,当他们从专业技术岗位转到管理岗位的时候,角色发生了很大变化,不仅要完成上级分配部门的工作目标，还要辅导员工，带好团队。但是很多中基层管理者之前习惯了做专业领域的技术能手，并不清楚管理岗位和专业技术岗位的区别，一部分人沿袭着之前的习惯继续做专业领域内的专家和骨干，至团队而不顾享受个人英雄；另一些人则面对突然而至的权力不知道该如何使用，当起了"霸道总裁"抑或是"好好先生"。部分运气好的，遇到领导力高强的直属上级给予指导或榜样示范，就能参照效仿尽快完成角色转换；运气不好的，就得自己在实践中去摸爬滚打，这个磨合的过程，不仅自己很煎熬，也会给组织和团队带来不必要的损失。很多学员告诉我，他们也和我有同样的经历，只不过他们没有我那么幸运，能到处去听课学习，也没有机会去咨询请教，希望我将个人的转型经验贡献出来，让专业岗位转型的管理者加速转型的过程。这让我萌生了写书的想法。

我记着有一个管理者在参加完我们培训之后，推心置腹地对我说："曾老师，如果我早一点知道这些知识技能，我自己就不会那么痛苦，也不会给团队带来伤害了。"还有一个资深的管理者给我讲过一个他早年做管理的故事，说他刚上任的时候曾因一点小事和员工发生冲突，一气之下开除过一个非常有才华的员工，很多年之后，他俩在外地出差时偶遇，就一起吃饭叙旧，虽然员工在席间对他都是溢美之词，但临走告别的时候，那个员工对他说了一句扎心的话："老大，你要是当年有现在的水平，我就不至于走了，我的人生因你而改变了"，当那个资深管理者听到这个员工的话时，内心五味杂陈，久久不能平静。每个管理者的成长都不是一帆风顺的，管理者的成长就是一次次"蝶变"的过程，有些是必经的心路历程，有些或许还会带来不必要的损失，如果每个中基层管理者在转型的时候能够提前掌握本书的知识和技能，学会本书介绍的一些方法套路和管理的底层逻辑，那组织的损失会减少很多，管理者面对团队时也会驾轻就熟，为组织创造更多的价值。这，也是我写此书的初衷。

祝愿每一个管理者都能不断修炼，掌握教练式管理的方法和技巧，做一个轻松的管理者。

感谢学校各位领导的支持，让我们得以有机会将培训中调研到的中层管理者最亟需的知识传播给企业的中层管理者，让他们少走弯路，快速适应。特别感谢祥龙大学原校长，北京市商业学校原党委书记史晓鹤书记和祥龙党（干）校、祥龙大学副校长黄凤文，是她们带领我走上了管理之路，并且在这个过程中，给予我及时的反馈、指导与支持，让我得以快速成长！

感谢我的团队，他们在面对企业刚开始的质疑和不信任时，能顶着压力，和我一起攻坚克难，将企业大学的培训做得精彩纷呈，好评如潮。

感谢在本书撰写过程中给与我帮助的所有人，感谢中国财政经济出版社的段钢主任从本书策划到出版上市的全流程中提出的很多中肯的、有建设性的意见和建议。感谢鲁华章和陈沐衫老师给予我在教练技术方面的指导与支持！感谢企业领导和学员对我们团队的支持和厚爱。

　　最后，要特别感谢我的父母与家人，在我从事企业大学工作之后，他们始终支持我、理解我，让我能够全力以赴地投入我热爱的事业。他们的爱是我前行的动力，他们的人生智慧、价值观与建议都回荡在本书中。

曾向英

2021年9月10日